新时代老字号创新与发展研究

LAO ZI HAO

祝合良 等 ◎ 著

首都经济贸易大学出版社
Capital University of Economics and Business Press
·北京·

图书在版编目（CIP）数据

新时代老字号创新与发展研究 / 祝合良等著. -- 北京：首都经济贸易大学出版社，2024.5
ISBN 978-7-5638-3693-2

Ⅰ.①新… Ⅱ.①祝… Ⅲ.①老字号—品牌战略—研究—中国 Ⅳ.①F279.24

中国国家版本馆CIP数据核字（2024）第095912号

新时代老字号创新与发展研究
XINSHIDAI LAOZIHAO CHUANGXIN YU FAZHAN YANJIU
祝合良　等著

责任编辑	潘　飞
封面设计	砚祥志远·激光照排　TEL：010-65976003
出版发行	首都经济贸易大学出版社
地　　址	北京市朝阳区红庙（邮编100026）
电　　话	（010）65976483　65065761　65071505（传真）
网　　址	http://www.sjmcb.com
E-mail	publish@cueb.edu.cn
经　　销	全国新华书店
照　　排	北京砚祥志远激光照排技术有限公司
印　　刷	北京九州迅驰传媒文化有限公司
成品尺寸	170毫米×240毫米　1/16
字　　数	184千字
印　　张	12.75
版　　次	2024年5月第1版　2024年5月第1次印刷
书　　号	ISBN 978-7-5638-3693-2
定　　价	56.00元

图书印装若有质量问题，本社负责调换
版权所有　侵权必究

序言

老字号拥有世代传承的独特产品、精湛技艺和服务理念，承载着中华民族传承千年的工匠精神和优秀文化，具有广泛的群众基础、巨大的经济价值、文化价值和品牌价值。自2006年商务部启动振兴老字号工程以来，老字号的产品结构不断优化、升级，品牌影响力持续提升，国家相继出台的一系列管理规范和指导意见不断为老字号的可持续发展注入了新的活力。

党的十八大以来，老字号作为民族品牌中的先行者，在中央和地方的大力支持下，取得了较大发展。习近平总书记十分关心老字号的发展，多次就创新发展老字号、弘扬传统文化、发展民族品牌等作出指示。党的十九大报告指明了中国发展新的历史方位——中国特色社会主义进入了新时代。高质量发展是新时代发展的主题。由此，老字号迎来了难得的历史性发展机遇。高质量发展为老字号的发展指明了前进的方向，体验经济时代的到来为老字号的发展提供了广阔的舞台，新一轮科技革命和产业变革的到来为老字号的创新发展带来了强大的驱动力量，"一带一路"倡议的实施为老字号的发展搭建了广阔的市场空间。总而言之，新时代中国经济和中华文化的振兴需要老字号承担更重要的历史使命。

继承和弘扬传统文化为老字号拓展了新价值，传承非物质文化遗产（非遗）成为老字号发展的新路径，国家重视工匠精神传承为老字号注入了新活力。随着我国经济社会的快速发展和对外开放步伐的逐渐加大，如何在保持传统的同时创新发展，如何在国际化竞争中占得先机、发挥区位优势，成为老字号共同关注的新课题。

本书是在中国商业史学会老字号专业委员会主任、北京工业大学品牌研究院院长祝合良教授和中国商业史学会老字号专业委员会副主任胡颖的带领下共同完成的。北京财贸职业学院王春娟教授、中国绿色碳汇基金会张志明博士后、首都经济贸易大学关冠军博士后、陶行知非遗老字号发展基金管委会执行主任兼秘书长王玉秋、首都经济贸易大学博士生赵乔等参与了有关章节的撰写工作。

本书在撰写的过程中，理论层面以广博的文献整理和扎实的资料收集工作为基础，实践层面则紧扣主题进行了多次专题研究。笔者对红都、全聚德、内联升、同仁堂、便宜坊、吴裕泰、盛锡福、瑞蚨祥、胡庆余堂、聚乐村等老字号企业进行的实地调研和访谈、与品牌中国战略规划院等专业机构的座谈交流以及参加各类论坛和研讨时的理念交融与思想碰撞，都使本书的撰写工作得以通过理论联系实际的方式逐级推进和展开。由此，也期望本书成果可为老字号创新与发展提供必要的启发和借鉴。

本书主要分为以下五个部分。

第一章为"老字号发展回顾与发展机遇"。本章在回顾老字号行业和地区分布特征的基础上，对老字号发展的时代特征与战略机遇进行了分析。

第二章为"老字号真实性与老字号传承研究"。本章通过对老字号真实性的实证研究，就老字号的真实性与老字号的创新和发展等问题进行了重点分析与解读。

第三章为"老字号创新与发展研究"。本章旨在分析老字号创新发展中的现状、特点、存在的问题和所面临的困难，并提出进一步推动老字号创新发展的路径。

第四章为"老字号品牌竞争力提升研究"。本章重点分析老字号的品牌竞争力以及品牌国际化，并提出提升老字号品牌竞争力的路径。

第五章为"老字号创新与发展的对策建议"。本章在回顾老字号传承与创新发展政策举措的基础上，从加强分类指导、强化品牌创新、提升品牌国际竞争力、完善公共服务平台和完善相关政策措施等五个方面提出了具体的政策建议。

本书的研究得到了北京市商业联合会（北京市商联会）、北京市委社会工作委员会（北京市社工委）、北京市商务局、在京老字号企业、8个省区市老字号协会等的大力支持，在此对所有提供支持和帮助的单位和有关人士表示诚挚的谢意。

祝合良
中国商业史学会老字号专业委员会主任
北京工业大学品牌研究院院长

目 录

第一章　老字号发展回顾与发展机遇 …… 1

一、老字号行业、地区分布及发展概况 …… 3
　（一）中华老字号的行业与地区分布 …… 3
　（二）第三批中华老字号特征分析 …… 19
　（三）中华老字号的发展特征分析 …… 23

二、党的十八大以来老字号发展回顾与特征分析 …… 29
　（一）党的十八大以来老字号发展回顾 …… 29
　（二）党的十八大以来老字号发展特征分析 …… 31

三、新时代品牌建设的新思维 …… 38
　（一）全面认识新时代 …… 38
　（二）新时代品牌发展面临新机遇与新挑战 …… 42
　（三）新时代对品牌建设的影响 …… 47
　（四）从三个维度培育高质量品牌 …… 51
　（五）新时代品牌建设的新思维 …… 52

四、新时代老字号的发展机遇 …… 58
　（一）高质量发展的时代背景与老字号发展的机遇所在 …… 59
　（二）体验经济时代的到来与老字号发展的机遇 …… 60
　（三）第四次科技革命、产业革命与老字号发展的机遇 …… 62
　（四）"一带一路"倡议的实施与老字号发展的机遇 …… 65
　（五）非遗老字号的传承与发展 …… 67
　（六）中华文化振兴与老字号创新发展的独特机遇 …… 78

第二章　老字号真实性与老字号传承研究 …… 82

一、品牌真实性与老字号真实性 …… 82

（一）品牌真实性 …………………………………… 82
　　（二）老字号真实性 …………………………………… 84
二、老字号真实性实证分析 …………………………………… 87
　　（一）老字号真实性调查问卷概述 …………………………… 87
　　（二）老字号真实性调查问卷分析 …………………………… 89
　　（三）老字号真实性调查问卷分析总结 ……………………… 103
三、老字号真实性与老字号的传承 …………………………… 104
　　（一）老字号真实性与老字号的传承重点 …………………… 105
　　（二）老字号真实性与老字号传承中的创新举措 …………… 108

第三章　老字号创新与发展研究 …………………………… 118
一、老字号创新发展的现状 …………………………………… 118
　　（一）整体创新发展势头强劲，老字号竞争力不断增强 …… 118
　　（二）新产品、新模式不断涌现，老字号发展品质加快
　　　　 提升 …………………………………………………… 121
　　（三）跨界融合创新成效显著，老字号服务功能延伸
　　　　 拓展 …………………………………………………… 124
二、老字号创新发展的重要性 ………………………………… 125
　　（一）老字号的创新发展是传承优秀民族文化，展示中国
　　　　 文化自信的重要内容 ………………………………… 127
　　（二）老字号的创新发展是培育中国自主品牌，打造国家
　　　　 名片的生动实践 ……………………………………… 128
　　（三）老字号的创新发展是丰富城市内涵，增强国际交往
　　　　 合作的战略需要 ……………………………………… 129
　　（四）老字号的创新发展是提高消费供给质量，促进消费
　　　　 升级的现实选择 ……………………………………… 130
三、老字号创新发展中面临的问题 …………………………… 131
　　（一）经营机制有待创新 …………………………………… 131
　　（二）创新要素有待改善 …………………………………… 132

（三）创新环境有待优化 ·············· 135
　　（四）品牌推广有待加强 ·············· 136
四、新时代全面提升老字号品牌创新的路径 ·············· 137
　　（一）加强品牌要素创新，提升老字号的国内外影响力 ··· 137
　　（二）加强经营模式创新，拓展老字号的市场辐射能力 ··· 139
　　（三）加强管理手段创新，释放老字号的创新发展活力 ··· 141
　　（四）加强商业模式创新，激发老字号的潜在消费需求 ··· 143
　　（五）加强供应链创新，扩大老字号的消费供给能力 ··· 144
　　（六）加强技术创新引导，培育老字号的核心竞争优势 ··· 146

第四章　老字号品牌竞争力提升研究 ·············· 148
一、老字号品牌竞争力亟待提升 ·············· 148
　　（一）老字号品牌是中国发展对外贸易的重要载体 ······ 148
　　（二）老字号品牌与国际知名品牌的价值存在一定的
　　　　　差距 ·············· 152
二、老字号品牌国际化分析 ·············· 155
　　（一）老字号品牌国际化现状分析 ·············· 155
　　（二）老字号品牌国际化动因分析 ·············· 158
　　（三）老字号品牌国际化的可行性 ·············· 159
　　（四）老字号品牌发展的空间选择和进入模式 ·········· 161
三、老字号品牌国际竞争力的提升 ·············· 163
　　（一）老字号品牌的国际竞争力分析 ·············· 164
　　（二）老字号品牌提升国际竞争力的具体路径 ·········· 165

第五章　老字号创新与发展的对策建议 ·············· 170
一、老字号传承与创新发展政策举措回顾 ·············· 170
　　（一）构建政策支持体系 ·············· 171
　　（二）搭建宣传服务平台 ·············· 173
　　（三）弘扬老字号传统文化 ·············· 174

3

（四）振兴老字号系列工程 …………………………… 175
（五）加大老字号品牌保护 …………………………… 177
（六）建设老字号公共服务平台 ……………………… 178
（七）推动老字号创新发展 …………………………… 178

二、老字号创新与发展的对策建议 ……………………… 179
（一）加强分类指导 …………………………………… 179
（二）强化品牌创新 …………………………………… 182
（三）提升品牌国际竞争力 …………………………… 183
（四）完善公共服务平台 ……………………………… 186
（五）完善相关政策措施 ……………………………… 187

参考文献 ………………………………………………… 191

第一章 老字号发展回顾与发展机遇

老字号[①]拥有世代传承的独特产品、精湛技艺和服务理念，承载着中华民族传承千年的工匠精神和优秀文化，具有广泛的群众基础、巨大的经济价值、文化价值和品牌价值。自2006年商务部启动振兴老字号工程以来，老字号的产业结构不断升级、优化，品牌影响力持续提升，国家相继出台的管理规范和指导意见不断为老字号的可持续发展注入新的活力。

党的十八大以来，老字号作为民族品牌中的先行者，在中央和地方的大力支持下，取得了较大发展。2022年1月，商务部等八部门联合印发《关于促进老字号创新发展的意见》，对"十四五"时期老字号工作进行了系统部署，明确了重点任务，强化了政策保障，要求各地健全完善老字号保护、传承、创新、发展等四个体系。2022年12月，商务部、文化和旅游部、国家文物局联合印发《关于加强老字号与历史文化资源联动 促进品牌消费的通知》，围绕加强老字号历史文化资源挖掘、促进老字号历史文化资源利用以及不断激发品牌消费潜力等三个方面提出具体任务，指出要着力提升老字号与非物质文化遗产（以下简称"非遗"）保护工作的联动水平、与文化和文物保护工作的融合水平，以及支持、推动老字号题材博物馆建设。2023年1月，商务部等五部门印发《中华老字号示范创建管理办法》。该管理办法指出，要坚持"优中选优"的工作原则，实施"有进有出"的动态管理，促进老字号创新发展，充分发挥老字号在商贸流通、消费促进、质量管理、技术

[①] 本书中所及的"老字号"，一是视具体情况分别指中华老字号或地方老字号，二是视具体情况分别指老字号品牌或老字号企业，由此书中视不同需要可能采用不同表述，对此书中不一一说明。

创新、品牌建设、文化传承等方面的引领作用。

习近平总书记十分关心老字号发展，并多次就创新发展老字号、弘扬传统文化、发展民族品牌等作出重要指示。2014年5月，习近平总书记在河南考察时指出，要推动中国制造向中国创造转变，推动中国速度向中国质量转变，推动中国产品向中国品牌转变。2016年5月，习近平总书记考察黑龙江时指出，"要着力优化产业结构，改造升级'老字号'，深度开发'原字号'，培育壮大'新字号'"。2017年4月，习近平总书记在广西考察时强调，"要让文物说话，让历史说话，让文化说话。要加强文物保护和利用，加强历史研究和传承，使中华优秀传统文化不断发扬光大。要增强文化自信，在传承中华优秀传统文化基础上发展社会主义先进文化，加快建设社会主义文化强国"。2017年10月，习近平总书记在党的十九大报告中指出，"深入挖掘中华优秀传统文化蕴含的思想观念、人文精神、道德规范，结合时代要求继承创新，让中华文化展现出永久魅力和时代风采"。2018年3月，习近平总书记在第十三届全国人民代表大会第一次会议上的讲话中指出，"我们要以更大的力度、更实的措施加快建设社会主义文化强国，培育和践行社会主义核心价值观，推动中华优秀传统文化创造性转化、创新性发展，让中华文明的影响力、凝聚力、感召力更加充分地展示出来"。2022年，习近平总书记在党的二十大报告中强调，"必须坚持守正创新"，为老字号的创新发展指明了战略方向。

党的十九大报告指明了中国发展新的历史方位——中国特色社会主义进入了新时代。步入新时代，老字号面临难得的历史性发展机遇。高质量发展这一新时代主题为老字号发展指明了方向并提供了保障；体验经济时代的到来，向老字号昭示了美好的发展前景；新一轮科技革命和产业变革时代的到来，为老字号创新发展提供了强大的驱动力量；"一带一路"倡议的实施，为老字号企业搭建了广阔的市场舞台。

与此同时，实现中华文化的伟大复兴需要老字号承担更重要的历史使命。在这一过程中，继承和弘扬传统文化为老字号拓展了新价值，传承非遗成为老字号发展的新路径，新时期首都北京的新定位为老字号创新带来了新空间，首都文化功能建设延伸了老字号发展的新内涵，国家重视工匠精神传承为老字号注入了新活力。

当然，老字号所面临的生存形势依然严峻。2023年7月商务部公开信息显示，在其2006年、2011年先后认定的1 128个中华老字号品牌中，有55个品牌未能通过新一轮复核，从而退出中华老字号品牌名录。2024年2月，商务部等五部门公示了第三批中华老字号名单，共认定382个品牌。就总体情况而言，中华老字号的创新发展迫在眉睫。

一、老字号行业、地区分布及发展概况

（一）中华老字号的行业与地区分布

1991年，国内贸易部进行了首次中华老字号评定，共授牌1 600余家中华老字号。2005年6月，中国商业联合会公布《中华老字号认定规范（征求意见稿）》。2006年4月，商务部发布"振兴老字号工程"方案，开启中华老字号的重新认定工作。2006年底，商务部认定第一批429家中华老字号；2011年，商务部认定第二批699家中华老字号。

截至目前，全国共有1 455家经商务部认定的中华老字号[①]，分布于全国31个省、自治区、直辖市，此前没有中华老字号的西藏自治区，现在也已经有了一家中华老字号。

1.中华老字号的行业分布情况

（1）中华老字号行业的界定与占比。在商务部中华老字号信息管理系统中，将该行业分为食品加工、餐饮住宿、零售、医药、工艺美术、居民服务、加工制造、其他等八个行业。本书基于上述中华老字号信息管理系统中的行业分类，将中华老字号分为食品加工、餐饮住宿、酒类、医药、工艺美术、居民服务、商业零售、服饰鞋帽、加工制造、茶叶等十大行业。之所以做这样的分类，主要是考虑到酒类、茶叶、服饰鞋帽等三个行业在中国传统商业形态中占有举足轻重的地位，且已有许多知名老字号。其具体行业界定和有代表性的品牌/企业

---

① 数据来源：http://zhlzh.mofcom.gov.cn/。

如下所示。

第一，食品加工。该行业主要从事食品加工以及相关销售活动，目前共有441家老字号，占比为30.3%，其代表性品牌有北京稻香村、王致和、六必居等。

第二，餐饮住宿。该行业是指提供酒水、食品、消费场所和设施的经营行业以及提供歇宿、饮食等的场所，目前共有245家老字号，占比为16.8%，其代表性品牌有全聚德、北京饭店、便宜坊等。

第三，酒类。该行业主要从事酒的生产、加工及销售相关活动，目前共有181家老字号，占比为12.4%，其代表性品牌有贵州茅台、五粮液、牛栏山二锅头、青岛啤酒等。

第四，医药。该行业主要包括医院、诊所以及药品的生产、加工、销售等企业，目前共有175家老字号，占比为12.1%，其代表性品牌有北京同仁堂、云南白药、白塔寺药店等。

第五，工艺美术。该行业的主要产品是指经由美术工艺制成的各种与实用相结合并有欣赏价值的物品，包括文化用品、美术用品等，目前共有96家老字号，占比为6.6%，其代表性企业有北京市珐琅厂、中国宣纸集团、西泠印社等。

第六，居民服务。该行业主要生产与居民生活相关的日用品，包括眼镜、化妆品等，目前共有93家老字号，占比为6.4%，其代表性品牌有大明眼镜、谢馥春化妆品、上海老庙黄金等。

第七，商业零售。该行业主要是指提供商业零售等服务的场所，目前共有63家老字号，占比为4.3%，其代表性企业有王府井百货、东安市场、西单商场、新世界商场等。

第八，服饰鞋帽。该行业主要从事服装、鞋帽等的制作和销售，目前共有58家老字号，占比为4.0%，其代表性品牌有内联升、盛锡福、同升和等。

第九，加工制造。该行业主要是指其他制造、加工业（不包括食品加工业），目前共有58家老字号，占比为4.0%，其代表性企业有黄鹤楼集团、飞鸽集团、上海造漆厂等。

第十，茶叶。该行业主要从事茶叶的加工、制作及销售等，目前共有45家老字号，占比为3.1%，其代表性品牌有吴裕泰、张一元、中茶等。

中华老字号各行业具体数量和比例如图1-1所示。

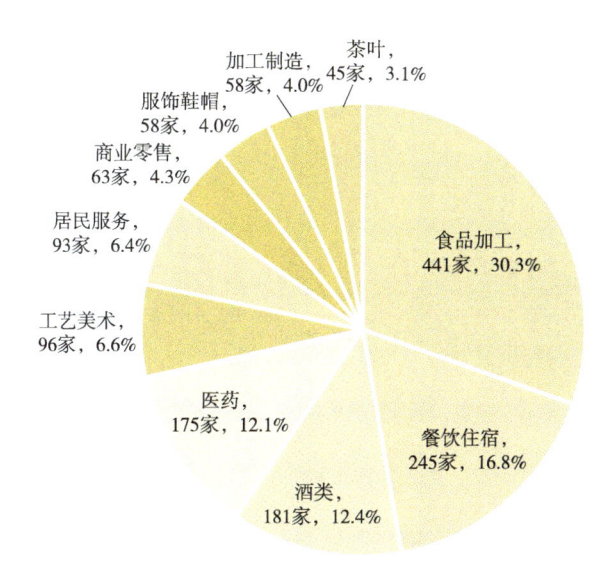

图1-1 中华老字号的总体行业分布情况

（2）食品加工行业分布情况。食品加工行业拥有中华老字号数量最多，共有441家，其分布主要有以下两大特征。

一是基本覆盖全国各省区市。食品加工行业不仅得到认定的中华老字号最多，而且分布的地域也最广（目前只有西藏及宁夏两地无食品加工业的中华老字号）。这一点也充分印证了我国饮食文化的博大精深。

二是数量差距梯度较小。从全国范围内来看，如图1-2所示，上海、浙江、山东、北京、江苏等5省市食品加工行业的中华老字号数量较多。其中，上海以53家遥遥领先，在该行业中华老字号中的占比近12.1%，其他省区市的占比则低于8.5%。在上述其他省区市之中，浙江、山东、北京、江苏、天津、山西、广东等地的表现比较显眼。以山西为例，该地共有22家食品加工行业的中华老字号。具体来看，在山西22家食品加工行业中华老字号中，醋和牛肉加工制造的比例较高，这也恰好与山西悠久的"醋文化"和"牛肉加工历史"等相呼应。

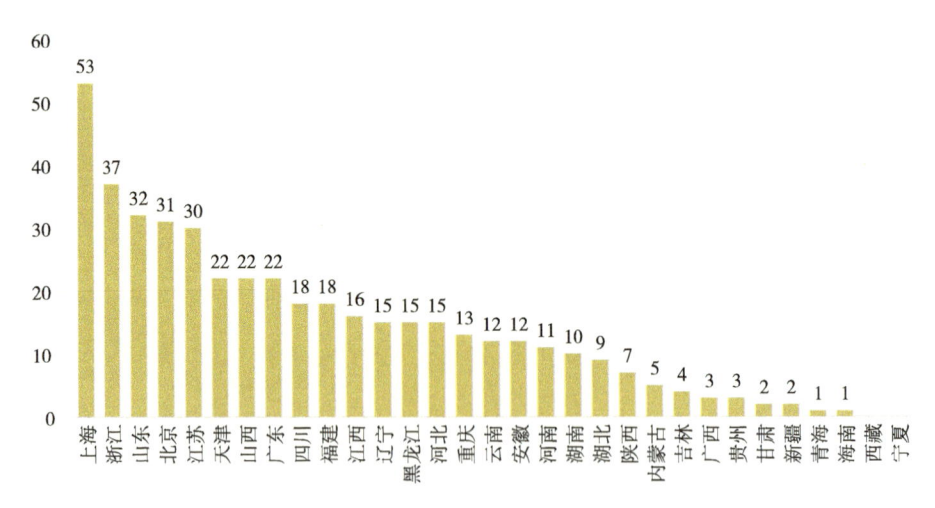

图1-2 食品加工行业中华老字号地区分布情况（单位：家）

（3）餐饮住宿行业分布情况。餐饮住宿行业共有中华老字号245家，其分布主要有以下两大特征。

一是分布相对均匀。餐饮住宿行业的中华老字号分别来自全国25个省区市（不包括新疆、青海、内蒙古、贵州、云南、西藏等地）。

二是北京的领先地位比较突出。北京共有42家餐饮住宿业的中华老字号，位居第二的上海有31家（见图1-3）。

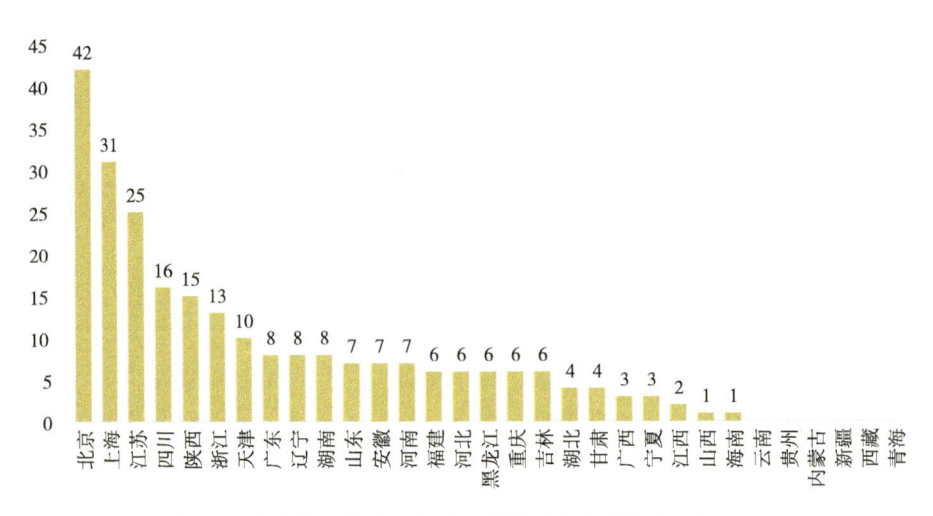

图1-3 餐饮住宿行业中华老字号地区分布情况（单位：家）

（4）酒类分布情况。酒类行业拥有中华老字号181家，其分布主要有以下两大特征。

一是分布比较广泛。酒类中华老字号广泛分布于全国28个省区市之中。同时，如前所述，比较知名的酒类品牌也遍及全国各地。此外，在A股中华老字号上市企业中，酒类企业也是比较多的，达到17家，约占上市中华老字号企业的30%。

二是分布相对集中。酒类中华老字号企业的分布，既比较广泛又相对集中。就目前来看，其分布主要集中于山东、浙江、河北、辽宁、四川等五省，这些省的酒类中华老字号大多超过10家（其中四川为10家），占比超过四成（见图1-4）。

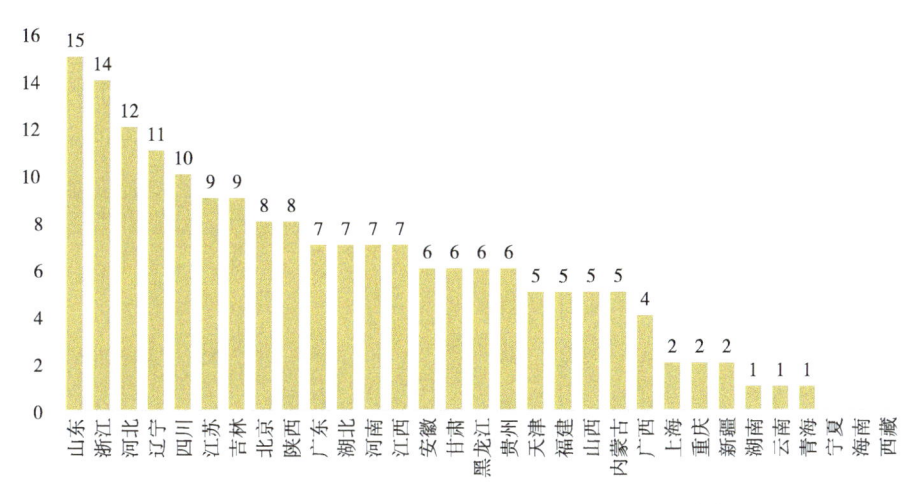

图1-4 酒类行业中华老字号分布情况（单位：家）

（5）医药行业分布情况。医药行业拥有175家中华老字号企业，其分布主要有以下两大特征。

一是分布比较广泛。该行业的中华老字号在全国27个省区市有分布，其覆盖范围仅次于食品加工行业，在一定程度上反映出医药行业在中国消费传统中的重要程度。

二是分布相对集中。该行业的集中性体现在：浙江、广东、江苏、上海、山东等5个省市的中华老字号较多，共有75家医药类中华老字号，占比超过四成。其中，浙江以拥有21家医药类中华老字号位居第一（见图1-5）。

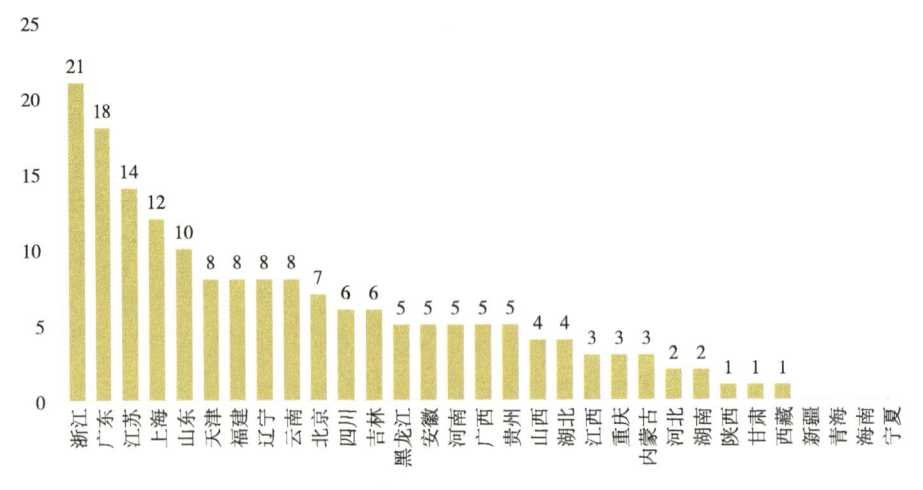

图1-5 医药行业中华老字号分布情况（单位：家）

（6）工艺美术行业分布情况。工艺美术行业拥有中华老字号96家，其分布主要有以下两大特征。

一是主要分布于东部和西部地区。就东部而言，该行业中华老字号的数量以浙江、江苏两地为最多，北京、山东、上海、安徽等地次之；就西部而言，甘肃、四川等地因其地方特有的玉石、竹编等工艺而在中华老字号方面榜上有名。

二是各地区分布梯度较小。相比其他行业，工艺美术行业中华老字号在各地区分布的梯度是比较小的。例如，浙江、江苏两地各有工艺美术类中华老字号13家，其后的北京拥有该行业中华老字号9家，山东也有9家（见图1-6）。

（7）居民服务行业分布情况。目前，居民服务行业中华老字号有93家，其分布主要有以下两大特征。

一是集中分布于东部和中部地区。其中，东部沿海的上海、北京、浙江、江苏等四地居民服务业中的中华老字号占该行业中华老字号总数的近五成。

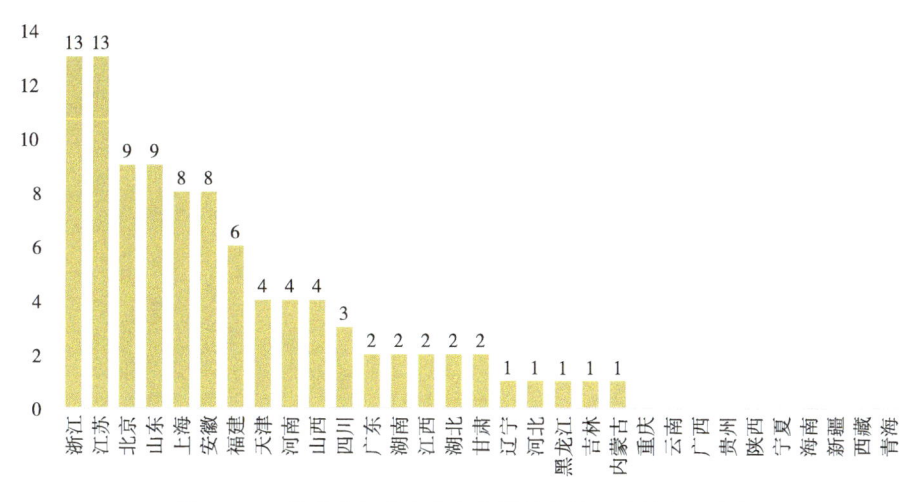

图1-6 工艺美术行业中华老字号分布情况（单位：家）

二是各地区分布数量的梯度较大。其中，上海拥有的居民服务业中华老字号最多，为35家，是排名第二的北京的近3倍（见图1-7）。

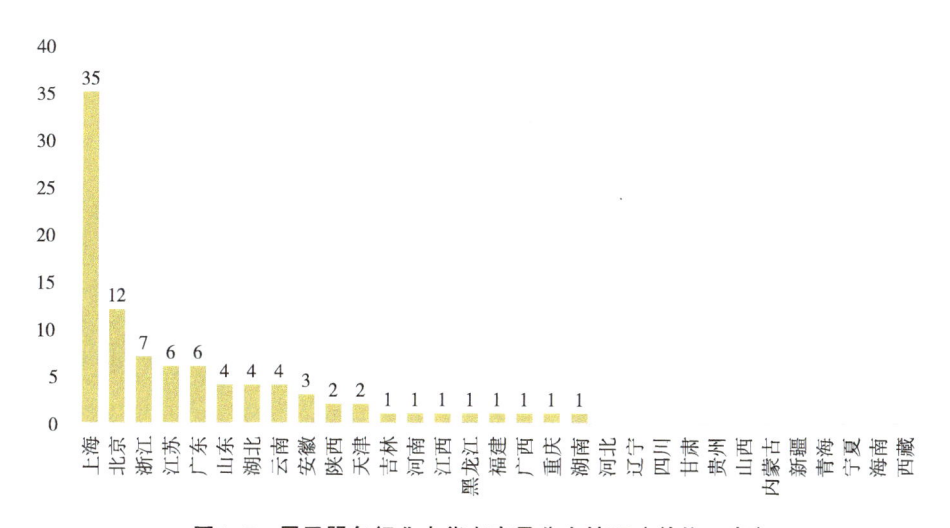

图1-7 居民服务行业中华老字号分布情况（单位：家）

（8）商业零售类分布情况。目前，商业零售业拥有中华老字号63家，其分布主要有以下两大特征。

一是呈现"东多西少"的梯次布局。商业零售类中华老字号分布于全国21个省区市，其中主要集中在东部地区，中部地区拥有少量，

9

西部地区则基本没有。

二是上海表现强劲。上海一地即拥有商业零售业中华行业老字号14家，占全国的近四分之一，大幅领先于其他地区（见图1-8）。

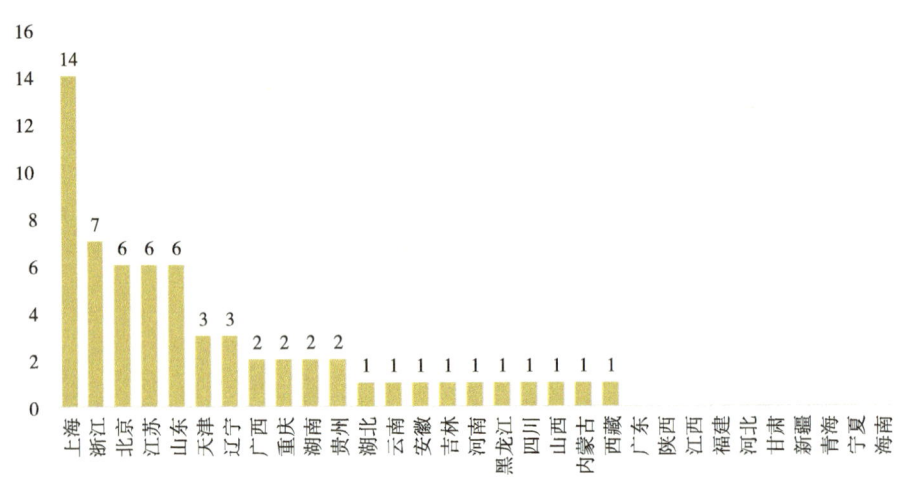

图1-8 商业零售行业中华老字号分布情况（单位：家）

（9）服饰鞋帽业分布情况。服饰鞋帽业拥有中华老字号58家，其分布主要有以下两大特征。

一是分布范围较小，且集中度较高。服饰鞋帽行业的中华老字号主要分布在10个省区市，是所有中华老字号行业中分布范围最小的，并且集中分布在上海、北京两地，约占服饰鞋帽行业中华老字号企业总量的三分之二；这两地的服饰鞋帽行业中华老字号企业分别为24家、13家，而其他省份的此类企业均未超过6家（见图1-9）。

二是区域特征明显。服饰鞋帽行业的中华老字号主要分布在三个区域，分别为京津片区、鲁苏沪浙片区和川渝湘粤片区。

（10）加工制造业分布情况。加工制造业中华老字号58家，其分布主要有以下两大特征。

一是加工制造业拥有的中华老字号分布地域有限，目前仅13个省区市拥有该行业的中华老字号。

二是各地区分布数量的梯度较大。其中，上海最多，该地拥有加工制造行业中华老字号18家，占该行业老字号总量的31%，是排名第二的天津的2倍（见图1-10）。

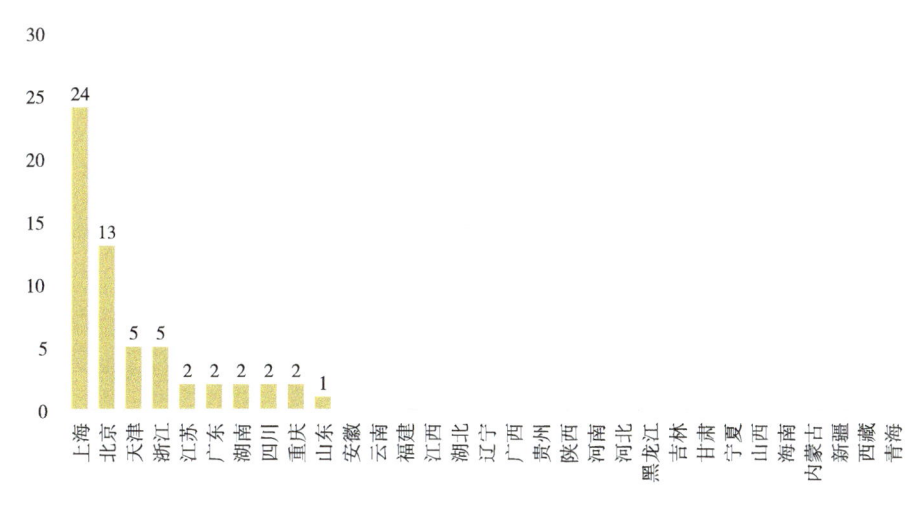

图1-9　服饰鞋帽行业中华老字号分布情况（单位：家）

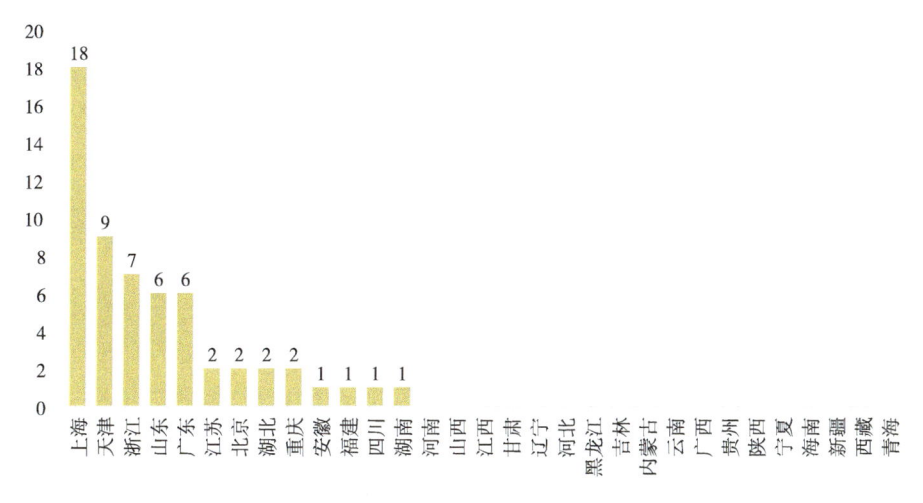

图1-10　加工制造行业中华老字号分布情况（单位：家）

（11）茶叶行业分布情况。茶叶行业拥有中华老字号45家，其分布主要有以下两大特征。

一是数量最少。茶叶行业拥有中华老字号45家，占全部中华老字号的比例约为3.1%，在中华老字号中数量占比最少。

二是主要分布在东部和南部。从行业地区分布上来看，主要集中在我国的东部和南部。这种分布情况与我国四大产茶区（华南茶区、西南茶区、江南茶区、江北茶区）的地理分布密切相关。此外，北京地区茶叶行业中的中华老字号比较多，这与老北京的喝茶文化及其茶文化载体存在比较显著的关系（见图1-11）。

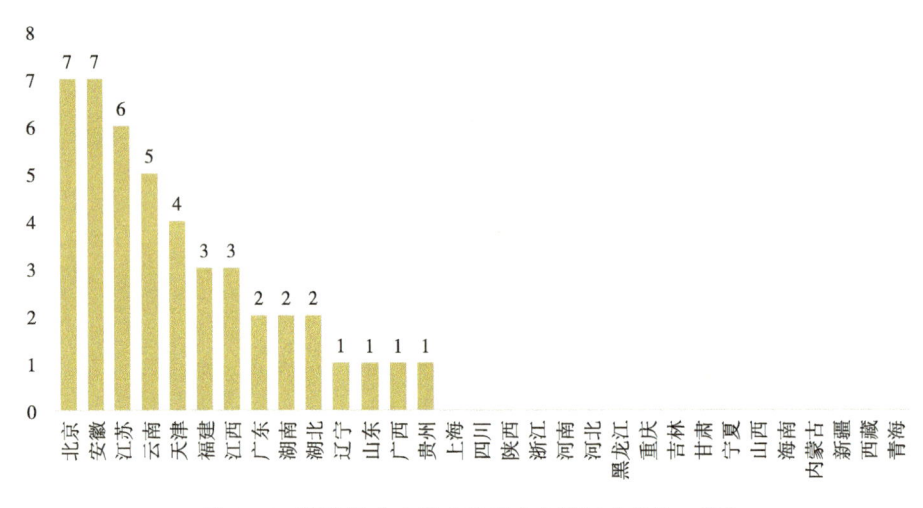

图1-11 茶叶行业中华老字号分布情况（单位：家）

综上，中华老字号的行业分布呈现以下三个特征。

一是集中于生活服务业。中华老字号基本分布于"衣、食、住、购"等生活服务业方面，这主要是由此类企业创立时的社会生产力水平和经济发展程度决定的。

二是行业分布不均匀。其中，食品加工行业的老字号最多，达441家，其数量约占全部中华老字号的三成。此外，餐饮住宿、酒类、医药等4个行业的数量也均超过100家。服饰鞋帽、加工制造、茶叶等行业的中华老字号则均少于60家，其在全部中华老字号中的数量占比均不足5%。

三是分布的地域特色明显。食品加工、餐饮住宿、酒类、医药等行业中的中华老字号在全国大部分省区市均有出现，这表明中华文化在饮食、酒类、医药等方面的博大精深。服饰鞋帽、居民服务、商业零售等行业中的中华老字号主要集中于上海、北京等地,这与这些地区长期以来比较深厚的商业底蕴有关。此外,茶叶中华老字号的分布则基本与中国茶区的分布吻合。

2. 中华老字号的地区分布情况

从中华老字号地区分布来看,主要呈现以下三个特征。

一是地区分布比较广泛。据统计,现有的1 455家中华老字号在全国31个省、自治区、直辖市均有分布,即在各省级地区均有分布。

二是在东部沿海地区的分布相对集中。从各地中华老字号的数量来看,上海、北京、浙江、江苏、山东、广东、天津、四川、安徽等9个省市的中华老字号数量均达到或超过50家。在这之中,有6个地区属于东部沿海地区(见图1-12)。

三是地方特色鲜明。例如,北京地区的中华老字号与老北京文化相呼应,上海地区发达的近现代工商业则促进了中华老字号在此地的广泛分布。

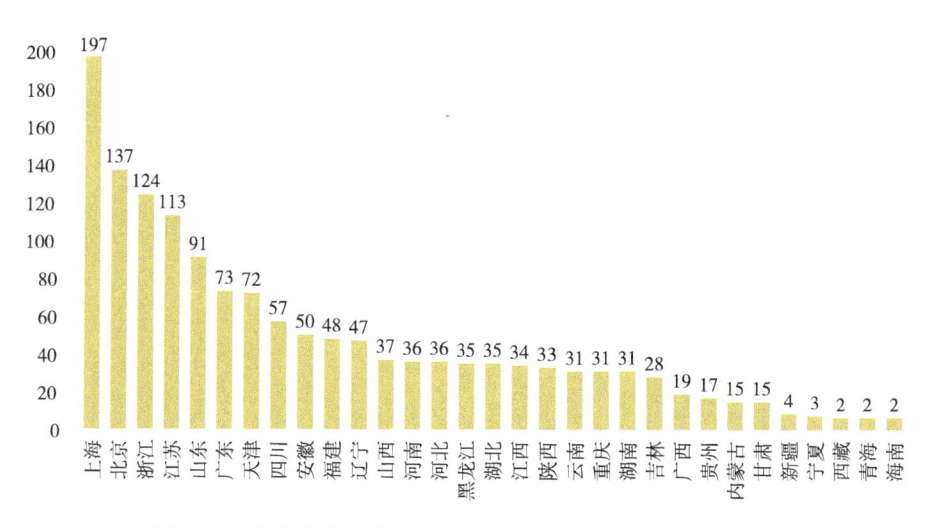

图1-12 中华老字号在各省级行政区的数量分布(单位:家)

我国中华老字号的区域和行业分布情况的相关数据见表1-1。

表1-1 中华老字号区域和行业分布情况　　（单位：家）

	食品加工	餐饮住宿	酒类	医药	工艺美术	居民服务	商业零售	服饰鞋帽	加工制造	茶叶	总计
上海	53	31	2	12	8	35	14	24	18		197
北京	31	42	8	7	9	12	6	13	2	7	137
浙江	37	13	14	21	13	7	7	5	7		124
江苏	30	25	9	14	13	6	6	2	2	6	113
山东	32	7	15	10	9	4	6	1	6	1	91
广东	22	8	7	18	2	6		2	6	2	73
天津	22	10	5	8	4	2	3	5	9	4	72
四川	18	16	10	6	3		1	2	1		57
安徽	12	7	6	5	8	3	1		1	7	50
福建	18	6	5	8	6	1			1	3	48
辽宁	15	8	11	8	1		3			1	47
山西	22	1	5	4	4		1				37
河南	11	7	7	5	4	1	1				36
黑龙江	15	6		12	2	1					36
河北	9	4	7		2	4	1		2	2	35
湖北	15	6	6	5	1	1	1				35
江西	16	2	7	3	2	1			3		34
陕西	7	15	8	1		2					33
湖南	12		1	8		4	1		5		31
云南	13	6	2	3		1	2	2	2		31
重庆	10	8	1	2	2	2	1	2	1	2	31
吉林	4	6	9	6	1	1	1				28
广西	3	3	4	5		1	2		1		19
贵州	3			6			2		1		17
内蒙古	5		5	3	1		1				15
甘肃	2	4		6	1	2					15
新疆	2			2							4
宁夏			3								3
西藏				1			1				2

续表

	食品加工	餐饮住宿	酒类	医药	工艺美术	居民服务	商业零售	服饰鞋帽	加工制造	茶叶	总计
青海	1		1								2
海南	1	1									2
总计	441	245	181	175	96	93	63	58	58	45	1 455

（1）上海中华老字号分布情况（见图1-13）。上海拥有中华老字号197家，与全国其他地区相比特征比较明显，具体如下。

一是拥有中华老字号数量最多。如前所述，目前上海的中华老字号有197家，数量位居全国第一，比排名第二的北京多60家。

二是行业类别覆盖广泛。上海的中华老字号企业在前述10个行业中几乎均有分布，且数量都比较多。作为民族工商业最早萌芽并繁荣起来的地区，上海拥有渗透到百姓生活方方面面的各类日用消费品老字号品牌。此外，近年来上海地区的中华老字号（如恒源祥、美加净、回力等）不断创新，成为行业发展典范。

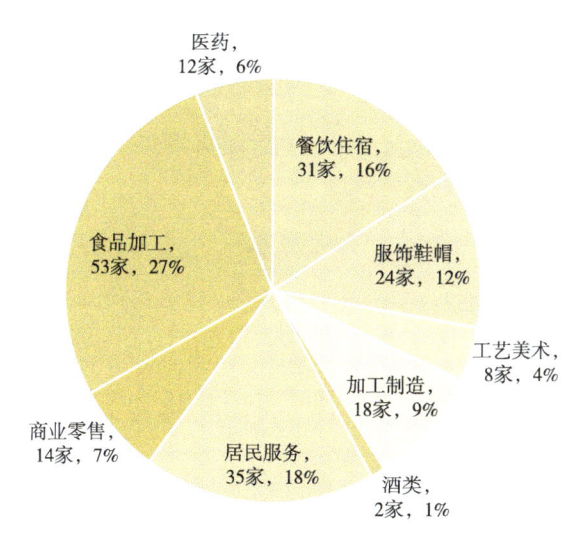

图1-13 上海中华老字号行业分布情况

（2）北京地区的老字号分布情况（见图1-14）。目前，北京拥有商务部认定的中华老字号137家。从行业分布来看，主要呈现以下两个特征。

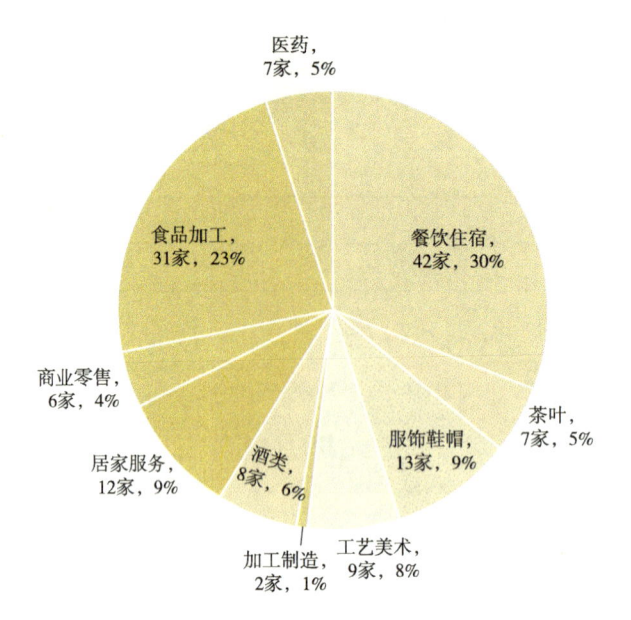

图1-14 北京中华老字号行业分布情况

一是餐饮住宿和食品加工行业的中华老字号数量多。北京地区拥有餐饮住宿和食品加工行业的中华老字号73家，数量为全国最多，该两大行业的中华老字号数量在北京中华老字号总量中的占比已超过五成。作为中国历史上长期的政治中心和当今的首都，北京人口密集，政治、经济、文化等各类活动繁多，极大促进了餐饮住宿和食品加工行业的发展。

二是其他行业的数量分布比较均匀。北京其他行业（即不包括餐饮住宿和食品加工行业）中的中华老字号分布相对均匀，且这些行业中的中华老字号数量绝大部分均在5家以上。

（3）浙江中华老字号分布情况（见图1-15）。浙江拥有中华老字号124家，其分布主要有以下三个特征。

一是数量比较多。浙江是全国国土面积较小的省份之一，却拥有124家中华老字号，数量位居全国第三。

二是地方特色比较明显。浙江的中华老字号集中在食品加工、医药、酒类、工艺美术等具有非常强的文化和地方特色的行业中，其产品包括中药、黄酒、茶叶、丝绸、手工艺品等。

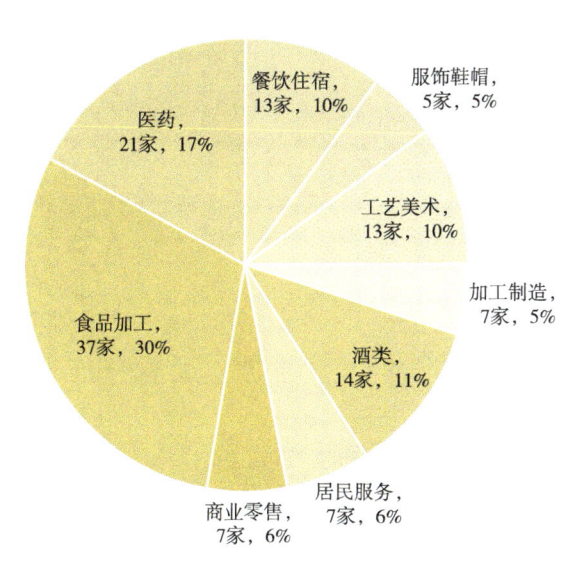

图1-15 浙江中华老字号行业分布情况

三是企业创新能力突出。目前，诸如五芳斋、知味观等一批浙江的中华老字号已成为网络新潮品牌。浙江的中华老字号积极拥抱互联网，已有34家进入天猫平台的中华老字号销售规模300强。

（4）江苏中华老字号分布情况（见图1-16）。江苏拥有中华老字号113家，其分布主要呈现以下两个特征。

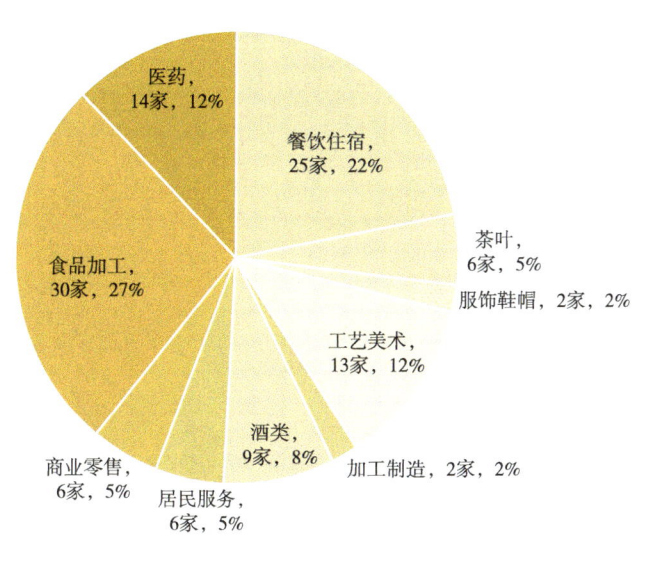

图1-16 江苏中华老字号行业分布情况

17

一是行业分布不均。其中，江苏在食品加工和餐饮住宿这两个行业中的中华老字号最多，分别为30家和25家，占其省内中华老字号总量的近五成；医药、工艺美术、居民服务、酒类、茶叶、商业零售等行业中的中华老字号数量差别不算太显著；服饰鞋帽和加工制造等行业的中华老字号数量则较少。

二是有影响力的中华老字号较少。从江苏拥有的中华老字号来看，洋河酒业、谢馥春化妆品等的品牌影响力相对突出，此外则没有太多具有较强影响力的中华老字号。

（5）山东中华老字号分布情况（见图1-17）。山东拥有中华老字号企业91家，其分布主要有两个特征：一是食品加工行业集聚了山东本地最多的中华老字号企业，共有32家，占比超过35%，在这些中华老字号企业中涌现出了诸如德州扒鸡、崂山矿泉水、周村烧饼等一批国内知名品牌。此外，餐饮住宿和酒类两个行业中的中华老字号企业也较多，分别为15个和10个。二是在前述中华老字号的十大行业中，均有来自山东的中华老字号企业，这也与山东地大物博、物产丰富的特征相匹配。

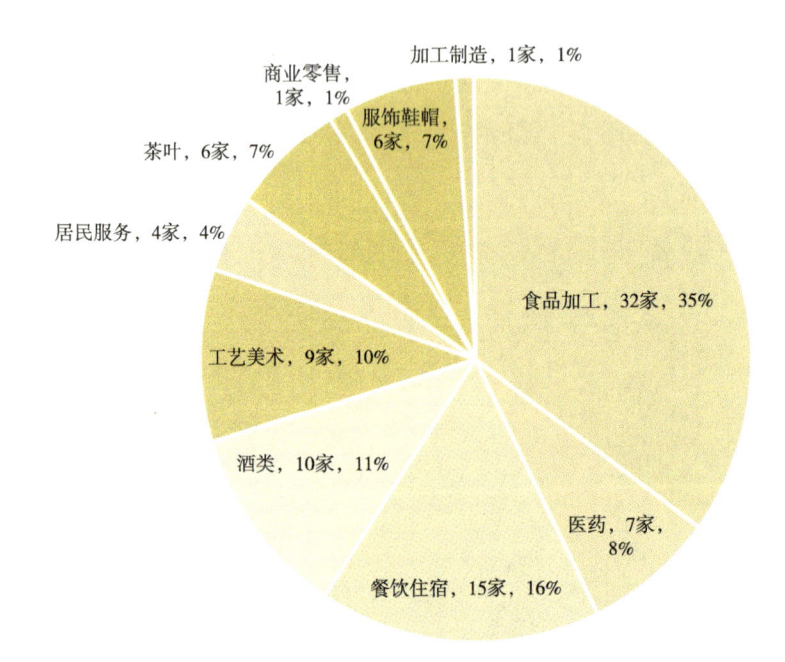

图1-17　山东中华老字号行业分布情况

（6）广东中华老字号分布情况（见图1-18）。广东拥有中华老字号73家，从行业分布来看主要集中在食品加工和医药等行业中。其中，广东拥有食品加工类中华老字号22家，其数量占比超过广东省内全部中华老字号的三成；拥有医药类中华老字号18家，约占广东省内全部中华老字号数量的25%。可以说，这两大行业占据了广东省全部中华老字号的半壁江山，并拥有一批享誉海内外的老字号品牌，如王老吉、白云山等。除这两大行业外，广东的中华老字号主要分布在餐饮住宿、酒类、居民服务、加工制造等行业，其他行业则相对较少。

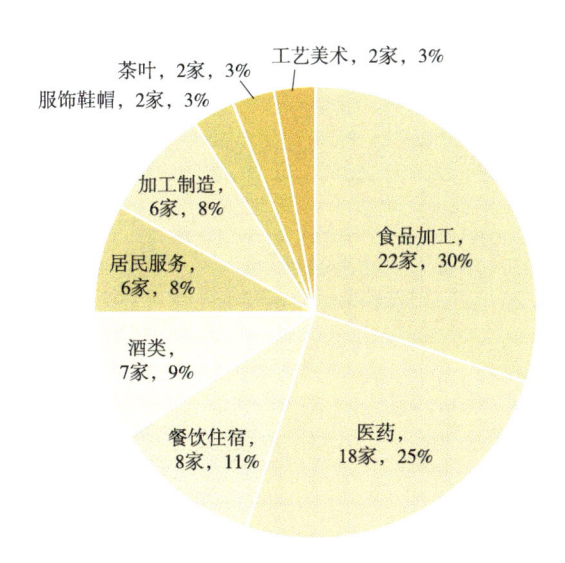

图1-18　广东中华老字号行业分布情况

（二）第三批中华老字号特征分析

2023年12月21日，商务部官网公示了新一批中华老字号拟认定名单，这批名单主要是商务部、文化和旅游部、市场监管总局、国家知识产权局、国家文物局等五部门在"优中选优"的工作原则下，在企业申报、地方推荐的基础上，最终遴选出的388个品牌，这也是截至目前最新的一批中华老字号名单。2024年2月1日，商务部官方网站正式确认了第三批中华老字号名单,最终有382个品牌获得认定。表1-2为第三批中华老字号区域和行业分布情况。

本次商务部对中华老字号的认定,其时间距离第二批认定中华老字号已过去近13年。从目前情况看,商务部正在加快推动中华老字号的管理和认定工作,预计后期还会有更多中华老字号进入认定名单。

表1-2 第三批中华老字号的区域和行业分布情况　　　（单位:家）

	食品加工	医药	餐饮住宿	酒类	工艺美术	居民服务	茶叶	商业零售	服饰鞋帽	加工制造	总计
浙江	12	7	3	2	6	1		3	1		35
上海	13	2	7			9			2	1	34
安徽	7	4	3	3	3	2	4	1		1	28
山东	9	3	1	4	5	2		2		2	28
北京	5	2	6	3	4	2			3		25
广东	8	2		1		4	1		1	1	18
江苏	3	3	2		8		1			1	18
福建	3	3	2	3	1	1	1			1	15
河南	3	3	2	4	3						15
辽宁	8	2		4							14
山西	4	3		3	4						14
江西	6	1		2	1	1	2				13
重庆	3	2	2	1				2	1	2	13
湖南	4	1		1	1		2		2		11
广西	1	3	3	1		1		1			10
四川	3	2	2	1	1				1		10
天津	6	2		1				1			10
河北	5	1		2	1						9

续表

	食品加工	医药	餐饮住宿	酒类	工艺美术	居民服务	茶叶	商业零售	服饰鞋帽	加工制造	总计
湖北	1	1	2	2		2	1				9
内蒙古	4	2		2	1						9
贵州	1	3	2					2			8
吉林	1	3	1		1	1		1			8
黑龙江	1		3	2		1					7
陕西	2		2		1	1					6
云南	1	1				2	2				6
宁夏			3								3
西藏		1						1			2
甘肃			1								1
海南	1										1
青海	1										1
新疆	1										1
总计	117	57	45	44	41	30	14	14	11	9	382

1. 区域分布情况（见图1-19）

从地域来看，新一批中华老字号的分布特征主要有以下四个方面。

一是地域全覆盖。除港澳台外，目前我国的31个省、自治区、直辖市均已有中华老字号企业。此次宁夏、西藏分别有3家和2家企业进入公示名单，结束了之前这两个地区没有中华老字号的历史。

二是分布梯次较合理。在本次382个中华老字号名单中，各省级行政区至少有1家企业入选，最多的有35家，没有出现较大的跨越极差。

三是主要集中于东部地区。此次，浙江、上海、安徽、山东、北京、广东、江苏、福建等东部8省市共有201家中华老字号入选，超过全部入选企业的半数，占比接近53%。

四是安徽表现突出。在此次中华老字号评定中，安徽共有28家企业入选，一举超越前两次批复的总和，占其省内中华老字号总量的近57%。

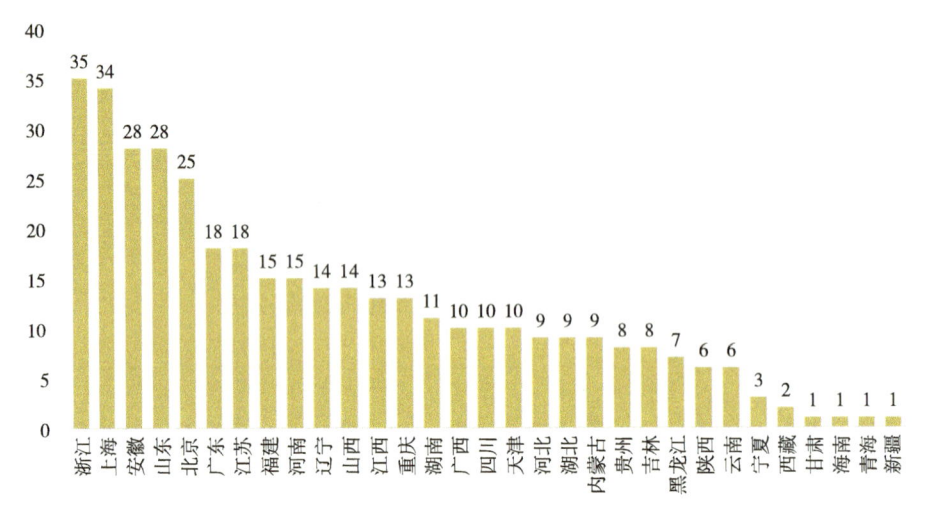

图1-19 第三批中华老字号的区域分布情况（单位：家）

2.行业分布情况（见图1-20）

从行业来看，新一批中华老字号的分布特征主要有以下三个方面。

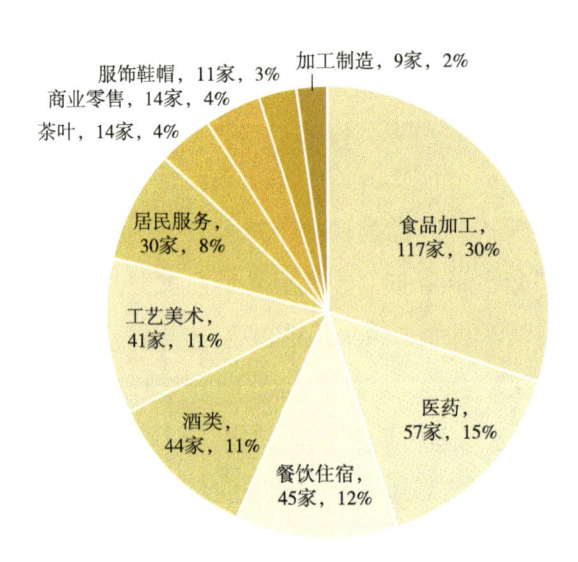

图1-20 第三批中华老字号的行业分布情况

一是食品加工仍然是入选最多的行业。此次共有117家食品加工类企业获选中华老字号,占比超过30%。食品加工也是本次唯一一个数量超过100家的行业。

二是医药行业表现突出,共有57家医药类企业获选本次中华老字号,占比近15%;而在现有全部中华老字号中,医药类企业只占12%。

三是餐饮住宿行业略显逊色。就现有全部中华老字号而言,餐饮住宿类企业的数量稳居第二;但在本次入选的中华老字号中,餐饮住宿类企业仅位列第三,只有45家入选,占比约为12%。

(三)中华老字号的发展特征分析

1.成立情况分析

中华老字号品牌的特点之一是历史悠久,其创立时间大多集中在明清两代和民国时期;最早的甚至可以追溯到秦汉时期,如河南的"汝阳刘"毛笔,迄今已有2 200多年的历史。明清时期,商品经济空前繁荣,老字号也获得了极大的发展。尤其是在京城、江南富庶地区,老字号的数量最多。据不完全统计,在现有490家历史可溯至明清时期的中华老字号中,来自北京、上海、浙江、江苏的老字号数量占比接近45%。

根据商务部最新公布的数据,部分中华老字号品牌的"平均年龄"为148岁,年龄总和高达15.9万岁。其中,有613个中华老字号品牌创立至今已超过100年,超过500年以上的品牌数量有17个。值得注意的是,部分中华老字号虽然创立品牌或企业的时间并不长,但其传承的工艺却已有上百年甚至上千年的历史,其中,涉及非遗项目的中华老字号数量更是达到800多个。表1-3为现有中华老字号的始建年代分布情况。

表1-3 现有中华老字号的始建年代分布(截至1949年)

成立时期	数量(个)
秦汉(前221—220)	1
魏晋南北朝(220—589)	1

续表

成立时期	数量（个）
隋唐五代十国（581—960）	1
宋元时期（960—1368）	6
明清时期（1368—1912）	490
民国时期（1912—1949）	360
新中国成立以来（1949至今）	214

2.上市分析

据统计，在目前1 455家中华老字号企业中，上市企业有67家[①]，上市比例不足5%。这67家上市企业中，在A股上市的有58家，在新三板上市的有7家，在港股上市的有2家[②]。

（1）中华老字号上市企业行业分布。中华老字号上市企业中占比最高的三类企业分别是制药企业、酒企和食品加工企业。其中，制药企业中共有18家上市，约占全部上市企业的27%；酒企（包括白酒、黄酒、葡萄酒、啤酒等企业）中共有15家上市，约占全部上市企业的22%；食品加工业中共有10家上市企业，约占全部上市企业的15%。具体如图1-21所示。

需要说明的是，很多老字号企业虽然不是上市主体，但其母公司为却多为大型上市企业。例如，餐饮企业老字号——西安饮食，除其本身作为老字号企业上市外，其旗下还拥有11家中华老字号饭庄，如德发长、五一饭店、同盛祥、白云章等；制药企业老字号隆顺榕和乐仁堂的母公司——津药达仁堂集团股份有限公司达仁堂制药厂，以及药业老字号潘高寿和陈李济的母公司——广州白云山医药集团股份有限公司，也均为上市企业；白酒企业老字号颍州的母公司——安徽金种子酒业股份有限公司、沱牌的母公司——舍得酒业股份有限公司、互助的母公司——青海互助天佑德青稞酒股份有限公司，也均为上市企业。

---

① 此处仅为老字号上市企业数量，不包括老字号企业所属的母公司上市企业数量。同时剔除了已退市或停盘的老字号企业。

② 其中，老字号企业青岛啤酒同时在A股和港股上市。

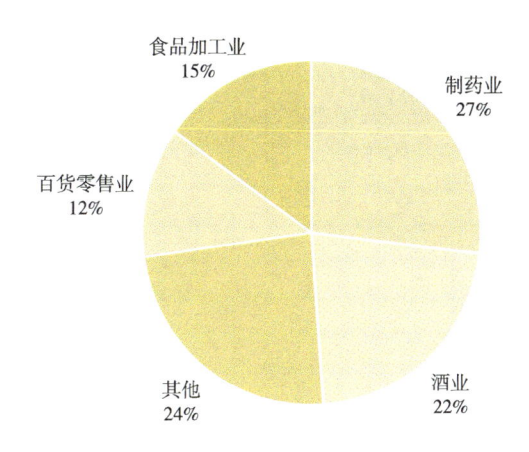

图 1-21　老字号上市企业行业占比

（2）中华老字号上市企业市值分析。目前，在A股上市的58家老字号企业总市值已超过46 000亿元①（以下如无特别说明，均以人民币作为计价单位），其中，市值超万亿元的企业有1家，为白酒行业老字号贵州茅台；超千亿元的有9家，如白酒企业五粮液、山西汾酒、泸州老窖等，以及调味品企业海天味业和制药企业漳州片仔癀、云南白药等；市值超百亿的有25家。表1-4为中华老字号上市企业情况A股总市值排名前十（TOP10）。

表1-4　中华老字号上市企业情况A股总市值排名前十（TOP10）

上市企业	股票代码	所属行业	总市值（亿元）
贵州茅台	600519	白酒	21 380.00
五粮液	000858	白酒	5 874.43
山西汾酒	600809	白酒	3 210.58
泸州老窖	000568	白酒	2 677.99
海天味业	603288	调味品	2 129.71
漳州片仔癀	600436	制药	1 464.85
洋河股份	002304	白酒	1 439.71
古井贡酒	000596	白酒	1 383.87

---

① 此处的上市企业市值以2024年5月14日收盘价计，下同。

续表

上市企业	股票代码	所属行业	总市值（亿元）
青岛啤酒	600600	啤酒	1 168.03
云南白药	000538	制药	1 003.83

同时，在新三板上市的8家老字号企业的总市值超过35亿元。此外，青岛啤酒在港股的市值超过800亿元，同为港股上市的食品加工企业嘉士利的市值接近7亿元。

（3）中华老字号上市企业营收分析。就规模而言，2023年，在A股上市的58家老字号企业的总营收达到7 339.29亿元。其中，贵州茅台以1 505.6亿元居首，成为唯一一家总营收超过千亿元的老字号上市企业；在上述A股上市的其余老字号企业中，总营收超过百亿元的有15家；此外，在新三板上市的8家老字号企业的总营收超过14亿元[①]。

就增速而言，2023年，在A股上市的老字号企业的总营收同比增长率平均下来约为11%，其中4家企业的同比增长率超过50%，分别为桂发祥（113.56%）、全聚德（99.17%）、西安饮食（60.82%）和菜百股份（50.61%）。与此同时，有16家上市老字号企业的总营收呈负增长趋势，应引起企业、政府等相关部门的高度重视。

（4）中华老字号上市企业净利润分析。就规模而言，2023年，在A股上市的58家老字号企业的净利润总额达到1 848.73亿元。其中，有5家企业的净利润超过百亿元，均为白酒企业，分别是贵州茅台（775.21亿元）、五粮液（315.21亿元）、泸州老窖（132.89亿元）、山西汾酒（104.59亿元）、洋河股份（100.21亿元）；上述上市老字号企业中，净利润超过10亿元的共有15家。此外，在新三板上市的8家老字号企业的净利润总额约为1.85亿元。

就增速而言，2023年，在A股上市的58家老字号企业的净利润总额同比增长率平均下来约为18.78%，其中有7家企业的同比增长率超

---

① 其中，老字号皇封参和万承志堂的营业总收入以2023年6月30日的财务报表数据计，其余企业均采用2023年12月31日的财务报表数据。

过100%（金枫酒业的增长率则高达4 695.72%）；与此同时，有22家A股上市老字号企业的净利润呈负增长趋势。此外，8家在新三板上市的老字号企业的净利润总额同比增长率约为120.08%。

3.集团发展

新中国成立尤其是改革开放以来，许多中华老字号在长期的发展过程中，通过投资、并购、重组等方式逐步形成了规模较大的产业集团。例如，北京首农食品集团、上海豫园旅游商城集团、广州医药集团、北京华天饮食控股集团、北京崇远集团、上海华谊集团、西安旅游集团等7大集团，均拥有10个以上的中华老字号品牌。

商务部最新发布的复核结果显示，目前，北京首农食品集团旗下拥有12个中华老字号品牌，主要集中在食品生鲜（6个）、粮油调味（5个）和茶业（1个）等领域。其中，上海豫园旅游商城集团拥有的中华老字号品牌数量最多，为17个，广泛分布在食品、零售、餐饮、珠宝、文化、医药等众多领域。广州医药集团作为国内中医药龙头企业，旗下拥有白云山上市公司和12个中华老字号医药品牌，其中百年品牌的数量为10个。

4.数字化转型

当前，在相关政策的大力支持下，中华老字号企业积极布局线上平台，通过传统渠道和线上渠道的深度融合，拓展消费新场景。

天猫商城公开信息显示，2021年，总计有537家中华老字号旗舰店入驻该平台；2022年，入驻数量进一步提升，达到575家。在整个2022财年，天猫商城中有7%的中华老字号旗舰店年成交额超过1亿元，有19家中华老字号的年成交增长率超过100%。

2022年，天猫"双十一"全球狂欢节（以下简称"天猫'双十一'"）期间，泸州老窖酒业、凤凰自行车、杏花村酒业、新华书店、东阿阿胶、茅台酒业、大益茶业、回力鞋业、光明乳业、云南白药、老庙黄金、张小泉刀剪、牛栏山酒业、青岛啤酒、张一元茶业等44家中华老字号的成交额均突破千万元。

从细分赛道来看，以食品饮料行业为例，已有超八成的中华老字号品牌和超七成的地方老字号品牌入驻京东。截至2023年8月，京东销售过亿元的老字号品牌有18家，过千万元的有60余家。

与此同时，一大批中华老字号品牌布局直播平台，以实现营收增长。抖音电商数据显示，2022年，共有223家中华老字号品牌入驻抖音，直播间在线浏览量同比提升16.8倍，销量同比增长1.6倍。

据不完全统计，2022年全年，总计参与各大平台直播的中华老字号近350家，直播场次超过5万场，成交额超35亿元（较2019年增长逾5倍）。

5. 品牌价值分析

2023年5月11日，中国品牌建设促进会发布"2023中国品牌价值评价信息"榜单，其中35家中华老字号企业的品牌价值合计达8 363.45亿元。

品牌价值超过百亿元的中华老字号总计有14个，分别是：贵州茅台、洋河酒业、泸州老窖、海天味业、片仔癀药业、杏花村酒业、王老吉凉茶、双沟酒业、东阿阿胶、张裕酒业、迎驾酒业、扳倒井酒业、九芝堂药业、今世缘酒业。在上述中华老字号中，超过70%为酒水品牌，其中，贵州茅台的品牌价值最高，为3 379.82亿元。

从行业分布来看，酒水类的老字号品牌价值最高，医药类老字号的品牌价值次之。在发布的16个医药类中华老字号品牌中，广药集团占据半壁江山，其旗下的王老吉、中一、光华、陈李济、何济公、潘高寿等六大品牌均在榜单之内，品牌总价值为294.11亿元。海天、恒顺、王致和这三大调味品类中华老字号品牌，其品牌价值分别为592.17亿元、80.22亿元、10.53亿元。

对比2021—2023年的品牌价值评价结果可知，位居前五位（TOP 5）的中华老字号的品牌价值增长稳健，增幅明显。例如，贵州茅台、洋河、泸州老窖、海天、片仔癀这五大品牌的价值逐年提升，泸州老窖近三年的年均复合增长率高达17.1%。表1–5为品牌价值百亿元以上的中华老字号品牌。

表1-5 品牌价值百亿元以上的中华老字号品牌

序号	品牌	品牌价值（亿元）
1	贵州茅台	3 379.82
2	洋河酒业	773.17
3	泸州老窖	765.01
4	海天味业	592.17
5	片仔癀药业	409.37
6	杏花村酒业	400.32
7	王老吉凉茶	214.19
8	双沟酒业	201.39
9	东阿阿胶	180.59
10	张裕酒业	173.82
11	迎驾酒业	143.88
12	扳倒井酒业	122.81
13	九芝堂酒业	108.03
14	今世缘酒业	102.01

二、党的十八大以来老字号发展回顾与特征分析

（一）党的十八大以来老字号发展回顾

2012年11月党的十八大闭幕不久，习近平总书记指出，要实现中华民族伟大复兴的中国梦。做大、做强民族品牌，是实现中国梦的重要行动。老字号是民族品牌中的先行者。党的十八大以来，在中央和地方的大力支持下，老字号企业奋发图强，取得了较大的发展。从企业发展历程看，党的十八大以来我国老字号发展呈现出鲜明的阶段性特征，主要经历了稳步推动期和创新发展期这两个阶段。

1. 稳步推动期（2013—2016年）：创新工作稳步推进

这一时期，商务部会同各地方政府，逐步建设完善与老字号管理、认定、保护、促进等相关的工作体系，以促进老字号的稳步发展。

一方面，商务部启用中华老字号信息管理系统。为准确掌握中华老字号企业发展情况，加强中华老字号品牌管理，商务部于2014年10月启用中华老字号信息管理系统，通过信息化手段开展中华老字号电子档案建设、信息变更在线备案、企业经营情况报送等工作，并向社会公众开放。

另一方面，地方老字号认证工作稳步推进。据初步统计，这一阶段共有18个省、自治区、直辖市开展了当地老字号认证工作，以持续促进老字号的传承与发展。其中，广东、上海、天津等11个省、自治区、直辖市在这个阶段首次开展认证当地老字号工作。此外，浙江、内蒙古、湖南、广东等4个省、自治区、直辖市在这一阶段开展了三批次以上的当地老字号认定工作。

2. 创新发展期（2017年至今）：政策措施加快落地

这一时期老字号的发展得到了中央和地方的高度重视与扶持。2017年初，中华老字号的保护发展被列入中华优秀传统文化传承发展工程。同年2月，商务部等16部门联合印发了《关于促进老字号改革创新发展的指导意见》（以下简称《意见》）。《意见》针对老字号工艺技艺传承、互联网+、产业重组、品牌价值评估与开发、对接资本市场以及品牌文化宣传等重点问题，提出了改革发展的指导意见。《意见》的发布开启了新时代老字号创新发展全新局面。自《意见》实施以来，北京、上海、浙江等17个省、自治区、直辖市先后发布了与之相应的促进老字号创新发展的新政策，在促进当地老字号传承发展、管理认证、集聚发展等方面明确了方向和路径。

（1）在传承与发展方面，北京、天津、山东等10个省、自治区、直辖市制定了促进本地老字号传承与发展的实施意见。例如，北京市政府办公厅于2018年12月发布了《关于推动北京老字号传承发展的意见》，提出固本强基、文化弘扬、品牌保护、创新发展、改革增效等五大工程,以推动北京老字号的传承发展,使之在新时代焕发新生机。

(2)在认证管理方面,安徽、贵州、广西、海南、山西等5个省、自治区、直辖市发布了地方老字号认定方案,并开展了新一轮老字号认证工作,以规范老字号的认证标准和条件,进一步扩充了老字号的群体。例如,云南省商务厅发布了《关于云南老字号动态管理暂行办法的通知》,对老字号发展实行动态管理。

(3)在集聚发展方面,江苏发布了《关于开展江苏省老字号集聚街区建设工作的通知》。此外,上海、山东、广东等地发布的政策意见也指出,要打造老字号集聚区,引导特色产品和服务集聚。

在一系列大改革、大创新的推动下,我国进一步健全了老字号振兴、促进体系,更加完善了管理体制,形成了中华老字号、地方老字号多层次共同繁荣发展的局面。

(二)党的十八大以来老字号发展特征分析

1. 做大做强,品牌影响力明显提升

党的十八大以来,老字号企业在群体规模、经营业绩、品牌影响力等方面持续做大、做强、做优,内生动力和发展活力不断增强,进一步引领区域特色产业发展。

一是老字号企业群体不断扩大。党的十八大以来,全国26个省、自治区、直辖市开展了老字号的认定工作。其中,有15个省、自治区、直辖市是在党的十八大后首次开展地方老字号认定工作的。认定工作显示,一方面,老字号数量不断壮大。党的十八大以来,全国共认定省级地方老字号3 000余家。另一方面,地方老字号特色鲜明。例如,山西将地方老字号命名为"三晋老字号",黑龙江在已有老字号基础上创新推出"原字号"和"新字号"。此外,还有一些地市也开展了老字号认证。例如,浙江嘉兴于2015年启动"嘉兴老字号"认定工作,截至目前已经开展了三批次认定工作,共认定"嘉兴老字号"企业24家。

表1-6为2017—2018年各地支持老字号发展的政策梳理。

表1-6 2017—2018年各地支持老字号发展的政策梳理

序号	地区	政策条款	发布时间
1	贵州	《关于印发贵州省第二批"贵州老字号"认定工作方案的通知》（黔商发〔2017〕138号）	2017年12月
2	江苏	《关于开展江苏省老字号集聚街区建设工作的通知》（苏商流通〔2018〕297号）	2017年6月
3	安徽	《关于安徽老字号认定规范并组织开展认定推荐工作的通知》（皖商办流通函〔2017〕446号）	2017年7月
4	四川	《关于促进老字号改革创新发展的实施意见》（川商流通〔2017〕50号）	2017年7月
5	山东	《关于老字号改革创新发展的意见》（鲁政办字〔2017〕131号）	2017年8月
6	浙江	《关于促进老字号改革创新发展的实施意见》（商流通发〔2017〕13号）	2017年9月
7	黑龙江	《关于改造升级"老字号"企业的若干意见》（黑发〔2017〕28号）	2017年9月
8	海南	《海南老字号认定及保护促进办法（试行）》（琼商通〔2017〕435号）	2017年9月
9	广西	《关于开展广西老字号认定工作的通知》（桂商流通发〔2017〕10号）	2017年9月
10	上海	《关于促进本市老字号改革创新发展的实施意见》（沪商市场〔2017〕291号）	2017年10月
11	山西	《关于印发"三晋老字号"认定规范的通知》（晋商流通〔2017〕257号）	2017年11月
12	湖南	《关于保护和促进湖南省老字号发展的若干意见》（湘商流通〔2017〕104号）	2017年12月
13	湖北	《关于促进我省老字号改革创新发展的实施意见》（鄂商务发〔2017〕113号）	2017年12月
14	宁夏	《关于促进"宁夏老字号"发展的实施意见》（宁商规发〔2018〕3号）	2018年8月
15	天津	《天津市振兴老字号工作方案（2018—2020年）》（津政办发〔2018〕49号）	2018年11月

续表

序号	地区	政策条款	发布时间
16	北京	《关于推动北京老字号传承发展的意见》（京政办发〔2018〕44号）	2018年12月
17	云南	《关于云南老字号动态管理暂行办法的通知》（云商发〔2018〕39号）	2018年12月

二是收入规模稳步增长。近年来，尽管我国经济整体下行压力加大，但是以上述省、自治区、直辖市为代表的老字号企业不断转变经营思路，助推营收稳步增长。目前，上述省、自治区、直辖市在A股市场共有58家老字号上市公司，企业整体实力表现强劲。2023年，这些老字号上市企业实现总营收7 339.29亿元。

三是品牌影响力持续增强。党的十八大以来，老字号企业特别是中华老字号企业大力推动品牌建设，不断丰富品牌内涵、提升品牌形象，大力提高和重构消费者对老字号品牌的认知。2018年9月，在上海市商务委员会的指导下，阿里研究院（联合北京大学光华管理学院王锐教授）共同完成的研究报告《中华老字号品牌发展指数》发布，该研究报告从市场、消费者、品牌主体三大视角出发，基于5个一级指标综合计算得出。该研究报告显示，贵州茅台、恒源祥、云南白药位列老字号品牌发展指数排行榜前三。该研究报告指出，在互联网和数字经济的浪潮下，涌现了一批积极转型的老字号品牌，借助新技术和新平台，在产品、营销、渠道、组织架构等方面不断创新，以新零售为路径，焕发新活力，开辟新市场，并用实践为更多老字号品牌发展带来信心。

表1-7为中华老字号品牌发展指数20强（TOP 20）榜单。

表1-7　中华老字号品牌发展指数20强（TOP 20）榜单

排名	老字号品牌	总指数	市场力	创新力	认知度	美誉度	忠诚度
1	贵州茅台	82.3	96.4	92.2	78.0	68.9	57.0
2	恒源祥	81.9	100.0	88.5	98.4	67.7	36.0

续表

排名	老字号品牌	总指数	市场力	创新力	认知度	美誉度	忠诚度
3	云南白药	69.9	44.1	100.0	83.4	71.0	37.9
4	同仁堂	68.7	48.6	83.4	85.7	65.7	59.1
5	美加净	66.2	40.6	97.1	87.7	56.5	35.6
6	五芳斋	61.4	31.3	73.5	78.9	63.7	67.5
7	新华书店	60.1	48.6	64.7	88.7	66.3	35.5
8	回力	59.9	50.6	60.0	100.0	55.5	39.7
9	东阿阿胶	57.6	56.0	57.0	71.5	61.6	43.3
10	海天	55.6	25.9	48.0	76.1	78.7	76.8
11	红双喜	55.3	46.0	43.4	72.2	60.8	72.1
12	光明	54.2	15.6	64.3	77.1	74.8	55.1
13	五粮液	53.9	31.9	65.7	74.6	64.0	36.2
14	青岛啤酒	50.9	34.5	47.9	67.0	70.4	49.0
15	王老吉	50.2	19.4	48.3	60.7	73.7	71.1
16	大益	49.3	29.3	46.0	68.0	71.6	48.4
17	马利	48.2	32.0	37.1	76.1	56.0	61.7
18	马应龙	48.0	24.4	48.9	72.4	70.3	38.7
19	泸州老窖	47.4	15.8	59.1	71.8	67.3	32.6
20	古越龙山	47.1	40.4	30.4	61.1	71.6	52.9

注：数据来源：阿里研究院《中华老字号品牌发展指数》。

2. 转型升级，创新发展驱动力凸显

党的十八大以来，中央把创新摆在国家发展全局的核心位置，大力实施创新驱动发展战略，从而推动老字号在技术创新、产品创新以及商业模式等方面的转型升级，实现新的发展。

一是技术创新不断突破。老字号企业通过搭建技术协同创新、科技成果转化等平台，建设创新载体，提升产品与服务的科技含量，增强老字号品牌的发展动力。例如，贵州茅台、云南白药、东阿阿胶等一大批老字号企业或已独立成立研发中心，或与科研院所联合成立研发中心。此外，近年来国家科学技术奖励名单中也出现了老字号企业的身影。例如，光明乳业参与的"耐胁迫植物乳杆菌定向选育及发酵关键技术"项目，荣获2018年度国家技术发明奖二等奖。

二是产品创新迭代不断。近年来，老字号企业纷纷通过研发新品、优化工艺、改进包装款式等方式，融入更多现代元素，以适应新时代的消费需求。

一方面，不断丰富产品供给，延长产业链。例如，五粮液增加了低度化、个性化、时尚化产品；吴裕泰推出奶茶、冰激凌等产品；老凤祥开发出手表和眼镜等新品；北京二锅头推出十二生肖酒，融合了中国传统生肖文化和雕塑艺术。

另一方面，紧跟消费需求升级，打造"网红"产品。例如，六神推出的鸡尾酒、五芳斋推出的茶香粽等热议爆款产品在"天猫6·18"活动平台上集中亮相。又如，冠生园推出"大白兔奶糖味"润唇膏，内联升先后开发出"探花""米奇""大鱼海棠"等IP[①]系列，北京稻香村推出"稻田日记"甜品店，等等。此外，许多老字号打造个性化服务，开发定制新品。例如，英雄钢笔从批量化生产向个性化定制转型；瑞蚨祥进驻北京西单商场，主打高级定制；海天味业结合消费者购买习惯，推出"1.9L的酱油搭配450mL的米醋"等组合产品。

三是商业模式创新展现新活力。顺应新时代，老字号企业大力发展电子商务，积极拓展"互联网+"业务，加快实现经营模式创新。

一方面，拓宽渠道，从纯线下变成线上加线下结合发展。数据显示，已经有超过600家中华老字号入驻了天猫。《京东（食品）老字号电商成长报告》显示，截至2017年底，已有超过六成的食品行业老字号品牌入驻京东，包括500家中华老字号和超过千家地方老字号。天猫平台数据显示，2018年天猫"双十一"期间，中华老字号销售额超过28亿元。

---

① 在当下文化语境中，IP主要指具有较大影响力的文化产品或文化形象，本书亦采用这一概念。

另一方面，延展运营，从纸质化、手动化到数字化、自动化。例如，首家老字号无人餐厅落地五芳斋；北京老字号消费地图虚拟现实（VR）版发布；粤菜老字号点都德开启华南首家智慧餐厅"动力饭堂"；北京华天饮食集团在全国率先使用支付宝"蜻蜓"（支付宝旗下的一款支付产品），实现刷脸支付；等等。

3.积极出海，国际化进程不断突破

党的十八大报告指出，要加快企业走出去步伐，增强企业国际化经营能力，培育一批具有世界水平的跨国公司。在此背景下，老字号企业紧紧抓住战略机遇，加快走出国门，实施国际化发展战略，提升国际化竞争力。

一是国际化战略加快实施。

一方面，积极响应国家"一带一路"倡议"走出去"，加强海外布局。例如，苏州稻香村、五粮液等老字号先后获得"一带一路"建设案例奖，成为老字号实施国际化战略的典范。2013年，苏州稻香村成立海外事业部，实施"稻香村出海"战略，其通过在海外开设专卖店以及进入当地商超等渠道的方式，将产品远销至欧洲、美洲等30多个国家和地区。五粮液则在哈萨克斯坦、以色列、捷克等"一带一路"沿线国家布局，开展产业、投资等方面的务实合作。

另一方面，通过跨境电商、出海平台等，开辟国际化新通道。例如，张小泉、泸州老窖等1 000多家老字号依托阿里巴巴、京东等平台的海外销售通路，成功实现借道出海。继茶叶、丝绸、瓷器等产品之后，老字号成为又一张致力于"全球表达"的"新中国名片"。

二是品牌国际竞争力持续增强。

一方面，老字号企业大力实施海外并购，整合国际品牌资源。例如，光明乳业实施大规模海外并购，先后收购Tnuva集团（以色列知名乳制品制造商，其拥有以色列乳制品市场约70%的份额）、西班牙食品分销商米盖尔公司；狗不理于2013年收购澳大利亚最大的连锁咖啡品牌"高乐雅"，并于2017年收购了澳大利亚多家生产技术过硬的保健品牌及代工厂；上海老字号"阿咪"收购比利时巧克力品牌；等等。

另一方面，积极参加境外经贸交流活动和展览会，大力拓展海外市场。例如，2012年，便宜坊、都一处、张一元、荣宝斋等12家北京老字号于中德建交40周年之际，亮相北京与科隆缔结友好城市25周年的"中国节"活动。又如，在2018年科隆举行的第三届"中国节"上，北京老字号特色商品展卖、老字号传统技艺现场展演等活动使德国民众进一步了解了我国老字号的文化价值。

4. 勇担责任，助力社会事业稳步发展

作为中国的经典民族品牌，老字号积极主动作为，勇担社会责任，在各项公益事业中身影频现，并在各自领域积极助力区域经济发展。

一是老字号企业积极承担企业社会责任，在扶贫、科普教育等方面作出贡献。在扶贫方面，东阿阿胶、元懋翔、勐海茶、广誉远等一大批老字号企业通过设立扶贫基金、献爱心、产业扶贫等方式实施精准扶贫。例如，东阿阿胶多年来一直推行的"以肉谋皮"、"毛驴活体循环开发"和"把毛驴当药材养"等精准扶贫模式，已经惠及全国1 000余个乡镇、2万余户贫困户、6万多贫困人口。在科普教育方面，中国景泰蓝艺术博物馆、王致和腐乳科普馆等都是北京市的科普基地。以王致和腐乳科普馆为例，其旨在向广大消费者、中小学生等普及腐乳及发酵性豆制品等知识，并以科普馆为平台积极传播中华传统饮食文化和营养健康的饮食理念，推动老字号的发展。

二是积极纳税，推动区域经济稳步发展。2017年，老字号A股上市企业共实现税收272.6亿元，同比增长31.6%；纳税额亦大幅增长，如贵州茅台、五粮液、青岛啤酒等8家企业2017年的纳税额均超过10亿元，其中贵州茅台实现纳税84亿元。2018年上半年，山东的294家老字号企业共实现利税收入113.85亿元，同比增长5.5%。

三是北京老字号企业纷纷落子河北，助推京津冀协同发展。例如，北京稻香村、东来顺、王致和、红螺食品、甜水园白玉豆腐等一大批北京食品制造相关老字号项目落户阜城、玉田、霸州等地，拉动了当地的劳动力就业以及相关农产品生产销售等。又如，同仁堂在保定建成"同仁堂直隶中医医院"，并先后将颗粒饮片工厂迁至安国，将天然药物厂、阿胶生产厂等迁往玉田；等等。目前，同仁堂已在河北规划投资13亿元，开办零售终端150余家，解决当地就业4 000余人。

三、新时代品牌建设的新思维

（一）全面认识新时代

不论从中国的国情来看，还是从人类社会的演变进程来看，当今世界已经迈向了新的时代。从中国的国情来看，中国特色社会主义已经进入"强起来"的新时代；从全球供给品演化轨迹来看，人类社会已迈向体验经济的新的时代；从科技革命和产业革命的进程来看，人类社会已经进入第四次科技和产业革命的新的时代；从经济增长要素来看，人类社会已经进入五大要素驱动经济增长的新的时代；从价值创造方式来看，人类社会已经进入以平台经济为主导的新的时代；从人类文明的进程来看，人类社会已经进入智业文明的新的时代。

1.从中国国情来看，中国特色社会主义进入新时代

党的十九大报告指出，我国经济已经由高速增长阶段向高质量发展阶段转变，中国特色社会主义已经进入新时代。未来30年，新时代的一个重要的特征就是我国经济社会发展进入了"新发展阶段"，即从站起来、富起来到强起来的历史性跨越的新阶段；开启了全面建设社会主义现代化国家新征程、向第二个百年奋斗目标进军的新阶段。步入新时代，品牌经济已经成为推动我国供给侧结构性改革、经济新旧动能转换和经济高质量发展的内在动力。打造现代化经济体系，要发挥品牌经济的重要作用，以实现我国经济的转型升级和高质量发展[①]。

2.从全球供给品演化轨迹来看，人类社会已迈向体验经济的新的时代

从全球供给品演化轨迹来看，全球供给品的演化经历了由自然农

---

① 姜增伟.发展品牌经济：一项重要而紧迫的战略任务[J].求是，2007（1）：35-36.

产品、标准化工业品、定制化服务向个性化体验的转变。人类社会也由此经历了从农业经济到工业经济、服务经济的时代，并正在迈向新的体验经济时代（见图1-22）。体验经济的概念最早由美国学者于1998年提出[①]。随着人们生活水平的提高、新兴技术的快速发展，市场竞争的不断加剧、消费方式的转变，体验经济在世界范围内得以迅速传播。其中，发达国家率先进入体验经济时代，那里的人们已从满足基本生活的需求向更高层次的休闲娱乐等体验需求转变。体验经济时代，企业经济活动、经济提供品特性、消费需求主导因素等三方面都呈现出不同的特征。对于品牌而言，其经营的重点也不再是产品和服务，而是为顾客提供良好的体验[②]。

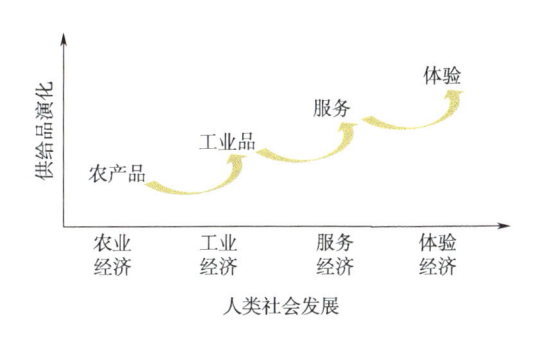

图1-22 供给品演化与人类社会发展

3.从科技革命和产业革命进程来看，人类社会已进入第四次科技和产业革命的新的时代。

18世纪末，以蒸汽机发明为标志，人类创造了以大工厂生产为特征的"蒸汽时代"，开启了人类历史上的第一次产业革命，人类社会进入工业1.0时代。20世纪初，随着电力的广泛应用，规模化生产开始出现，人类社会进入工业2.0时代。20世纪70年代初，随着电子信息技术应用的不断发展，生产自动化水平得到进一步提高，人类社会进入工业3.0时代。21世纪以来，随着云计算、5G、区块链、物联网、大数据、人工智

---

① B J PINE, J H GILMORE. Welcome to the experience Economy[J]. Harvard business review, 1998（7，8）.

② 祝合良，SCHMITT. 如何认识体验经济[J]. 首都经济贸易大学学报，2002（5）：14-17.

能、信息物理融合系统等数字技术的广泛应用,人类社会进入了第四次科技和产业革命的新的时代。

随着以数字技术为核心的数字经济的迅速发展,我国网络零售业发展势头迅猛,数字信息平台已成为品牌和消费者互动的重要渠道,成为品牌宣传互动、服务支持和联合创新的重要载体。数字经济实现了品牌与消费者之间直接的、双向即时的互动关系,品牌也由此真正拥有了与消费者全面互动以及数据洞察的能力。

4. 从经济增长要素来看,人类社会进入了五大要素驱动经济增长的新的时代

在早期的农业经济时代,土地和劳动是人类经济增长的两大要素。在资本主义社会,要素价值论提出:土地、资本、劳动这三种生产要素共同创造价值,成为推动人类经济增长的三大要素。进入工业经济时代,技术的作用日益凸显,土地、劳动、资本、技术等成为推动人类经济增长的四大要素。步入数字经济时代,数据与土地、劳动、资本、技术等共同构成推动人类经济增长的五大要素。2007年的智能手机、2009年的3G商用、2014年的4G商用、2020年的5G商用,体现了网络化、数字化、智能化的"三化"融合不断助推数字经济腾飞的趋势,数字经济也因此迎来新的起点。

2020年4月,中共中央、国务院印发《关于构建更加完善的要素市场化配置体制机制的意见》,明确将数据作为一种新型生产要素。这表明,数字经济已经成为中国经济动能转换与居民消费升级的重要支撑力量[1]。在2021年的全国两会上,发展数字经济被第三次写入《政府工作报告》。同年,全国"十四五"规划提出,"加快数字化发展、建设数字中国","推进产业数字化转型","构筑美好数字生活新图景"[2]。由此可见,以新型信息技术为支撑的数字经济已经成为引领经济高质量发展的主要方向,成为宏观经济的稳定器和微观企业的活力源。

---

[1] 详见:中国信通院、美团研究院发布的《中国生活服务业数字化发展报告(2020)》(2020年5月)。

[2] 详见:《中华人民共和国国民经济和社会发展第十四个五年规划和2035年远景目标纲要》(2021年3月12日)。

5. 从价值创造方式来看，人类社会已进入由平台经济主导的新的时代

以数字技术为支撑、以数据为生产要素、以数字平台为依托，以大数据分析为客户创造价值的平台经济，具有联结多边用户、媒合多方网络组织、双边市场的特点，能够加速生产与流通和消费的有效对接，提高流通效率，已经成为21世纪我国最重要的经济模式之一[①]。

当前，各类资本普遍借助平台商业模式进行数据商品的生产活动，以不断追求更好的价值收益。统计显示，在2020年全球最大的100家公司中，有60家的主要收入来自平台经济的商业模式[②]。在2020年全球市值最高的10家公司中，有7家是平台公司，分别是苹果（约2.1万亿美元）、微软（约1.8万亿美元）、亚马逊（约1.6万亿美元）、Alphabet[③]（约1.4万亿美元）、脸书（约8 390亿美元）、腾讯（约7 530亿美元）、阿里巴巴（约6 150亿美元）[④]。在中国，平台经济已经成为我国产业结构升级和产业转型发展的重要推动力量，极大促进了中国企业的创新战略转型与功能拓展。

6. 从人类文明的进程来看，人类社会已进入智业文明的新的时代

从人类文明的进程来看，农业在人类历史中扮演着重要的角色，是人类社会的基础。从最早的原始农业到现代化的农业生产，农业的发展一直是人类社会发展的重要里程碑。工业文明（亦称"工业社会文明"）是未来学家托夫勒所言的第二次文明浪潮，其包括劳动方式最优化、劳动分工精细化、劳动节奏同步化、劳动组织集中化、生产规模化和经济集权化等六大基本原则。工业文明以机器大生产为特点，并伴随着传统家庭关系的转变，以及人文精神的发展、交往形式的平等、财富的不断增长、科学范式的大量应用和科技的快速发展等特点和趋势。继农业文明、工业文明之后，第三次伟大的人类文明浪潮——智业文明时代已经到来，并对品牌建设提出了新的要求。

---

① 王璐，李晨阳. 平台经济生产过程的政治经济学分析[J]. 经济学家，2021（6）：53—61.
② 详见：https://www.sohu.com/a/389891404_120059794。
③ Alphabet 是谷歌重组后的"伞形公司"（umbrella company）。
④ 详见：普华永道发布的《2021全球市值百强上市企业榜》（2021年6月）。

（二）新时代品牌发展面临新机遇与新挑战

1. 发展品牌经济，迎接全球化挑战

步入21世纪，随着世界市场竞争的不断加剧，世界经济已进入品牌竞争的时代。品牌是企业最重要、最宝贵的资产，发展品牌经济已经成为世界经济发展的重要方向。

从全球最著名的品牌评价机构之一英特品牌（Interbrand）与美国《商业周刊》自2000年以来发布的"世界最具价值100品牌"数据来看，"世界最具价值100品牌"的数量占全球品牌的不到万分之一，但是其年销售额却占全球贸易总额的20%以上，并占全球世界生产总值的10%左右。目前，只占全球企业数3%的国际知名品牌企业占据了40%的国际市场份额；发达国家占有位居全球品牌榜前20%的强势品牌，这些强势品牌占领了全球80%的市场份额。由此可见，品牌具有极其强大的影响力和竞争力。

改革开放以来，中国取得了举世瞩目的发展成绩，已成为世界第一大商品贸易国和制造国，以及世界第二大经济体和奢侈品消费大国。但在上述"世界最具价值100品牌"中，只有华为和联想这2个中国品牌入选。反观美国，其拥有的"世界最具价值100品牌"最少时也有50个，称得上是占据了世界顶级品牌的半壁江山。由此不难看出，中国同品牌强国之间还有很大差距。

步入21世纪，在多方面努力之下，中国品牌取得了较大的发展，一些品牌也开始走出国门，但与世界知名品牌相比尚存在不小的差距。2009年以来，在我国对外贸易产品结构中，自主品牌产品的出口额占出口总额的比重虽不断上升，但具有国际影响力的品牌产品出口仍然偏少。与此同时，贴牌加工产品的出口额占我国出口总额的比重仍在30%以上。

可见，中国要实现由经济大国向经济强国、由贸易大国向贸易强国的转变，就要从根本上提高中国品牌在国际上的地位，就必须加快培育一批国内一流和国际知名的品牌。发展品牌经济是参与经济全球化的战略需要，是建设创新型国家的客观要求，是扩大国内消费需求的必然选择，是转变外贸增长方式的重要途径，是实现企业转型升级的正确方向。

（1）发展品牌经济是参与经济全球化的战略需要。品牌是一个企业、一个城市乃至一个国家竞争力的综合体现，是一种无形资产，更是国家的名片。它代表着一国所拥有的文化特质和国民精神。正如谷歌、苹果、微软、亚马逊、特斯拉之于美国，丰田、京瓷、索尼、佳能之于日本，奔驰、宝马、西门子之于德国，登喜路、巴宝莉、尊尼获加之于英国，一个世界一流的国家，应该有一大批世界一流的品牌。在经济全球化的竞争环境下，拥有世界一流品牌已经成为引领全球资源配置和开拓市场的重要手段。全球知名企业利用品牌影响力在全球组织研发、采购和生产，实施并购重组，主导国际标准制定，从而赢得更大的发展空间。

随着新一轮科技革命和产业革命的不断深化，拥有差异化的品牌竞争优势正日益成为企业赢得全球市场的关键。企业只有通过提升品牌竞争力，打造具有核心知识产权的自主品牌，才能实现由规模扩张向质量效益提升的转变，实现由价值链低端向价值链高端的转变，从而获得全球竞争优势。当前，经济全球化背景下的国际竞争层次不断提升。从供给方面看，企业竞争正由价格竞争、质量竞争发展为品牌竞争；从需求方面看，消费需求也正由产品需求、质量需求发展为品牌需求。总之，品牌经济的发展程度已成为衡量国家、地区、企业之国际竞争力的重要指标。

（2）发展品牌经济是建设创新型国家的客观要求。改革开放以来，中国已经成为举世闻名的制造业大国和世界第二大经济体。中国高铁、中国商飞、中航科技等中国企业通过研发、生产"国之重器"，成功树立了先进的品牌形象，亦成为代表我国形象的重要名片。中国品牌集体发力的背后，是加快知识产权强国建设的时代步伐，是实施创新驱动发展战略的国家意志，是推进供给侧结构性改革的有力行动。总之，拥有一大批具有国际竞争力的品牌，是中国崛起的重要标志。

品牌是核心竞争力，是创新的重要体现。国际经验表明，品牌经济搞得好的国家，综合创新指数也明显较高。当今世界公认的创新型国家（如美国、日本等约20个国家），其品牌经济都已经发展到了一个比较成熟的阶段，并且与国家创新形成了良性的互动循环。一方面，品牌经济为创新提供了经济基础和收益动力。以美国为例，据测算，品牌所创造的价值占其国内生产总值（GDP）的比重已达60%;另一方面，国家创新体系又为发展品牌经济提供了良好的外部条件，以美国、日本等为例，其都有一整套完善的、支持企业创新的服务体系。

（3）发展品牌经济是扩大国内消费需求的必然选择。品牌是影响力，是消费者信得过的标志。消费者都希望购买质量过硬、服务到位、声誉良好的品牌产品。品牌产品消费的增长，标志着人民群众消费质量和生活水平的提高。据测算，近年来国内市场中品牌商品销售额的增幅高于全社会消费品零售总额15%以上。可见，我国居民的生活水平正在迅速提高，对品牌产品的需求也日趋强烈。因此，培育自主品牌、扩大品牌产品销售，能有力地促进国内消费增长。

然而，当前品牌消费与广大人民群众的要求还有很大差距。曾为消费者所喜爱的国内品牌（包括部分老字号），由于保护和开发不力，其影响力正在减弱甚至已经消失;品牌总量偏少，知名度不高，尤其是缺乏国际知名品牌;品牌生命周期短，附加值少，对经济的贡献度低。在我国170多万个自主品牌中，平均生命周期不足两年、为国内公认的品牌不足1 000个，获得国际认可的则更少。数据显示，我国品牌所创造的价值占国内生产总值的比重低于20%，不到美国的1/3。由此可见，我们迫切需要提升品牌竞争力，大力发展品牌经济，以品牌促消费、促内需。

（4）发展品牌经济是转变外贸增长方式的重要途径。品牌代表了增值能力，是企业依靠无形资产获利的有效手段。目前我国虽已成为世界贸易大国，但由于缺乏知名品牌，同样产品的价格却远远低于发达国家。例如，我国出口鞋类的平均单价仅为2.5美元，只有西班牙同类产品的1/5、意大利的1/12;我国手表卖到欧洲的平均价格只有12欧元,而欧洲手表卖到中国的价格则大多超过1 200欧元,双方的价格差距达100倍之多。

目前,我国外贸增长模式所受到的内外部制约因素已经越来越多。一方面,劳动力、土地成本低等优势正在逐步减弱,国内资源环境也逐渐难以承载现有的外贸增长模式;另一方面,我国产品的国际市场占有率已经较大,如果再靠低价竞争,很容易引发更多的贸易摩擦。因此,我们必须提升品牌竞争力,打造更多的知名品牌,使更多中国品牌走向世界,使中国品牌经济在全球市场中的份额不断提升,从而引导我国外贸走上一条富有中国特色的品牌经济之路。

(5)发展品牌经济是实现企业转型升级的正确方向。从企业发展层面看,品牌不只能赢得市场,更为重要的是,当品牌形成规模之后,品牌经济将成为市场的选择,而未来主导市场的关键要素一定是品牌,品牌经济替代产品经济也将成为必然趋势。从产业层面看,按照霍夫曼的解释,随着工业化进程的不断推进,一国的工业结构将呈现从轻工业到重工业、从原材料工业到加工组装工业进而到技术集约型工业的演化趋势。事实上,技术集约型的发展模式固然可取,但技术具有可复制性,只有把技术固化到品牌之中,才能够转化为推动产业持续发展的核心要素。正因如此,发展品牌经济并非排斥技术创新,而是要与技术创新相互匹配、相互融合。因此,以品牌经济为发展目标,将为我国的企业转型升级提供一个明确的方向。

2.中国品牌面临新的发展机遇

党的十九大报告提出了中国发展新的历史方位——中国特色社会主义进入了新时代。如前所述,步入新时代,中国品牌面临着难得的历史性发展机遇,高质量发展对品牌发展提出了新的要求;振兴中华文化,需要品牌承担更重要的历史使命和国家使命;政策支持为品牌发展提供了坚实的支撑,新时期的发展定位为品牌建设提供了新的空间。

(1)高质量发展对品牌发展提出新的要求。党的十九大报告作出了"我国经济已由高速增长阶段转向高质量发展阶段"这一重大判断。在社会主义现代化建设的新时代,要实现高质量发展,必须着力转变发展方式、优化经济结构、转换增长动力,提高经济发展质量和效益。所谓高质量发展,就是要推进要素结构、企业机构和产业结构的优化调整,提高要素质量和配置效率,满足新时期的新需求,保障经济可持续发展。品牌经济是推动供给侧结构性改革、中国经济新旧动能转换、中国经济高质量发展的内生动力。现代化经济体系的打造需要发挥品牌的积极作用,以实现转型升级和高质量发展。

(2)中华文化振兴需要品牌进一步承担历史使命和国家使命。党的十九大报告指出,"文化自信是一个国家、一个民族发展中更基本、更深沉、更持久的力量"。习近平总书记强调,中华优秀传统文化是中华民族的文化根脉,其蕴含的思想观念、人文精神、道德规范,不仅是中国人思想和精神的内核,对解决人类问题也有重要价值。我们要推动中华优秀传统文化创造性转化、创新性发展,以激发全民族文化创新创造活力,建设社会主义文化强国。

2013年,国家提出"一带一路"倡议,为中国企业"走出去"提供了良好的发展契机。借此东风,一批优势企业和品牌走出国门,加快塑造国际竞争力,提高国际化经营能力和服务水平,向全球中高端产业链体系迈进。在我国从"产品走出去"到"品牌走出去"的转变中,品牌企业可以积极通过跨国资源整合、业务流程改造等方式,提高国际化经营能力和服务水平,塑造一批能够在全球市场上代表中国参与商业竞争、进行文化交流的国家品牌形象,传承中华民族优秀传统文化,弘扬中华传统美德,构筑国家精神。品牌是中国文化软实力的重要体现,在新时期中华文化振兴中承担着特殊的价值使命,也面临着宝贵的发展机遇。

(3)政策支持为品牌发展提供了支撑点。近年来,中央高度重视品牌建设工作。党的十八大提出,要"形成以技术、品牌、质量、服务为核心的出口竞争新优势"。近年来国务院颁布的质量发展纲要中,将品牌强国作为建设经济强国的重要基石。2014年5月,习近平总书记明确指出,要"推动中国产品向中国品牌转变"。

如前所述,现阶段中国经济已由高速增长阶段进入高质量发展阶段。高质量发展的主线就是要推动供需结构升级,发挥品牌的引领作用。2016年6月，国务院办公厅发布《关于发挥品牌引领作用 推动供需结构升级的意见》，该意见明确指出，"当前，我国品牌发展严重滞后于经济发展……要发挥品牌引领作用，推动供给结构和需求结构升级"。2017年4月，经国务院批准，自2017年起将每年的5月10日定为"中国品牌日"。总之，发展品牌已经成为我国的国家战略。

（三）新时代对品牌建设的影响

中国特色社会主义进入新时代，需要大力发展品牌经济，发挥品牌的引领作用。体验经济时代、第四次科技与产业革命时代的到来，要求品牌建设必须注重品牌体验、重视科技因素；数字经济时代和平台经济时代的到来，要求品牌建设加快数字化转型，借助平台推进创新发展；人类智业文明这一新的时代的到来，要求品牌建设树立崭新的思维。

1. 中国特色社会主义进入新时代，需要发挥品牌的引领作用

党的十八大将品牌作为我国的出口竞争新优势。2014年5月，习近平总书记提出，"推动中国产品向中国品牌转变"[①]。2016年，国务院提出，要大力推动品牌发展[②]。

从供给方面来看，新时代、新阶段的中国经济高质量发展必须走创新驱动的发展之路。大力发展品牌经济，可以更好推动各行业创新发展。从需求方面来看，随着我国居民生活水平的迅速提高和消费方式的转型升级，个性化、多样化、时尚化、场景化等消费需求正成为主流，市场对品牌产品的需求日趋强烈。因此，中国特色社会主义新时代需要发挥品牌的引领作用，提升品牌竞争力，大力发展品牌经济，以品牌促消费、促内需[③]。

2. 步入体验这一新的经济时代，品牌建设中要注重顾客体验

步入体验经济时代，品牌具有更加巨大的影响力，并成为消费者

---

① 《习近平在河南考察时强调 深化改革发挥优势 创新思路 统筹兼顾 确保经济持续健康发展 社会和谐稳定》[N]. 人民日报，2014-05-11（1）.

② 详见：国务院办公厅发布的《关于发挥品牌引领作用 推动供需结构升级的意见》（2016年6月）。

③ 胡键."一带一路"国家品牌的打造与中国文化软实力建设[J]. 社会科学辑刊，2021（3）：84-94，215.

购买时的重要决定因素。品牌体验是品牌激发消费者产生的主观内在反应[①]。品牌体验作为体验经济的核心之一，为企业传播品牌信息、参与品牌活动、提高品牌价值等提供了个性化、互动化、多元化的新思路[②]。因此，体验经济时代，以消费者为核心，通过感官、情感、思考、行动、关联等五个方面的品牌体验吸引消费者，提升消费者的购买意愿和支付意愿，满足消费者的高品质消费需求，正日益成为农业、制造业、服务业等打造品牌、引领品牌创新的重要方向。

3. 步入第四次科技与产业革命的新的时代，品牌建设中要重视科技因素

品牌是核心竞争力，品牌经济是国家创新程度的重要标志，品牌建设必须依靠科技的力量。从英特品牌发布的"世界最具价值100品牌排行榜"来看，自2014年以来科技含量高的品牌已逐步位居前列。例如，苹果这一新兴科技品牌已超越可口可乐等传统品牌，并连续多年位居世界价值品牌榜第一。与重视新技术发展的品牌相反，那些忽视技术创新的传统大品牌则不断遭遇发展瓶颈。例如，柯达倒闭，诺基亚、摩托罗拉等被时代抛弃，就连开创了全球品牌经理制的宝洁也被时代甩在了身后。随着移动互联网、智能化等数字技术在各行业品牌经营中的不断使用，我国未来的品牌建设中应当更加重视科技创新，利用科技的力量打造品牌的核心竞争力。

4. 步入数字经济的新的时代，品牌建设必须加快数字化转型发展

当今，人类社会已经进入大数据驱动的数字经济时代。数字经济通过成本节约效应、规模经济效应、精准配置效应、效率提升效应和创新赋能效应等，引领产业高质量发展[③]。品牌借助大数据、产业互联网、人工智能、物联网等数字化技术，以大数据为动力，打通企业全流程，实现企业全渠道的数字化营销，赋能品牌的经营与管理更加高

---

① 吴水龙, 刘长琳, 卢泰宏. 品牌体验对品牌忠诚的影响：品牌社区的中介作用[J]. 商业经济与管理, 2009, 1（7）：80-90.
② 安贺新, 李喆. 中华老字号顾客体验管理问题研究[J]. 管理世界, 2013（2）：182-183.
③ 祝合良, 王春娟. 数字经济引领产业高质量发展：理论、机理与路径[J]. 财经理论与实践, 2020, 41（5）：2-10.

效、更加人性化，从而提高品牌的影响力和知名度，提升品牌的经营业绩。例如，创建于1995年的国内品牌"酷特"以量身定制为核心，以大数据技术为支持，以专业、专注的定制行业平台为支撑体系，通过感性的基调与理性元素的完美表达，为客户打造最适合的正装定制。酷特致力于成为个性化正装定制的领导品牌，目前其已成为工信部指定的全国数字化转型学习的标杆，并于2020年7月成功登陆创业板上市。

5.步入平台经济的新的时代，品牌建设必须借助平台发展

平台经济打破了消费的时空限制，扩大了品牌销售规模，拓展了品牌销售空间，延伸了品牌服务时间，成为品牌发展的扩大器。近年来，国内外品牌纷纷入驻各种电商平台，借助平台的强大销售能力，占领消费市场，提升品牌销售业绩。以阿里巴巴的天猫平台为例，在2019年6月该平台的电商节上，苹果、美的、耐克、奥克斯等著名品牌纷纷加入"亿元俱乐部"[1]。在拼多多、云集社交等电商平台上，聚集了上万个消费品品牌，其中上千个品牌交易非常活跃。

在疫情常态化防控的背景下，借助新媒体平台的网红直播成为平台经济的重要组成部分，就连一向被视为在经营方面比较保守的老字号也已大量入驻淘宝进行直播。以北京的老字号为例，2020年其直播销售总额上涨800%，其中，北京同仁堂、新华书店、牛栏山等6家中华老字号在天猫平台上的年销售额突破亿元[2]。2021年，在第18个"京东618"网络促销季期间，平台销售额达3 438亿元，再创新的纪录[3]。可以看出，平台经济时代，无论是新兴品牌，还是老字号品牌，都必须借助数字平台，才能更好地发展壮大。

6.智业文明这一新的时代的到来，要求品牌建设树立崭新的思维

随着智业文明这一新的时代的到来，一切业务数据化，一切数据业务化，产业的上中下游、全产业链、全链路等的数字化均在加速。由智能手机开创的移动互联网时代将随之逐步没落，基于智能手机

---

[1] 详见：https://www.sohu.com/a/321280422_118792。
[2] 详见：https://baijiahao.baidu.com/s?id=1666745853766264168&wfr=spider&for=pc。
[3] 详见：https://new.qq.com/rain/a/20210620A039PI00。

的应用程序（App）和小程序将不再是唯一的流量入口，即将从传统智能手机之触摸的屏幕时代过渡到与人工智能（AI）"智器"①、数字人或机器人对话的无屏幕时代。

在市场变化不断加快、产品和品类生命周期越来越短的时代，要赢得竞争的主导权，建立或加入品牌生态圈是一个很好的选择，打造产业共同体则是建立品牌生态圈的重要途径。

例如，日本的"7-11"打造了该国最大的便利店产业共同体。其拥有500多家直营店，以及2万多家加盟店（共享店）。这些加盟店（共享店）没有自己的工厂，没有自己的物流中心，而是把全日本的2万多家夫妻店、180个美食工厂和163个配送中心通过产业路由器实时连接起来，进行智能配对，做到每8个小时将这2万多家店的碎片订单汇聚起来，从而实现了"企业对家庭（b2f）的拼单集采"模式，通过共享和赋能［商品赋能、经营赋能（OFC）、信息技术（IT）赋能、物流赋能、金融赋能］等，大大提高了全球竞争力。

又如，我国的希音（SHEIN）在服装行业的影响力已经超过西班牙的飒拉（ZARA），前者的爆款率已接近50%，2022年的商品交易总额突破300亿美金，收入约227亿美元，净利润约7亿美元，最新估值约700亿美元。7年间，希音从跨境婚纱品牌成长为全球最大的快时尚产业共同体。希音采用数字化营销手段，凭借其强大的供应链资源整合及管理能力，通过敏捷的前台、稳定的业务和数据中台以及强大的研发和技术后台，打造三台架构，形成从消费者到生产者（C2M）的产业路由器模式。在需求端，希音将全球的社交媒体用户原创内容（UGC）流量共建为一个流量大坝，从而超越了过去的微商把流量引入京东、亚马逊上的模式，并带来日活约3 000万人次的巨大用户群体②。在供给端，在将遍布全球的碎片化订单"合并同类项"后，希音把中国乃至整个亚洲的近6 000个工厂加以整编，很多工厂已经成为其超级单品工厂。

---

① 此处的"智器"，指基于人工智能技术的高度智能化的工具。
② "日活"指日活跃用户数量。

（四）从三个维度培育高质量品牌

1. 要维护国家品牌形象

2020年突如其来的新冠疫情，不仅考验着中国品牌自身的应变能力，而且考验着中国品牌的国际形象。

在此期间，我国品牌企业及时关注疫情变化，创新品牌营销与传播策略，开展一系列数字化营销活动，提高品牌在社交媒介中的活跃度，如通过网络直播、电子商务等方式和渠道，满足顾客的需要。有条件的品牌企业还及时抓住疫情防控期间社会对相关必需品的迫切需求，及时实现转产，为社会提供防疫物资，保障人民基本生活。特别是，面对疫情在国外迅速蔓延的形势，中国品牌企业及时出手，为国际社会提供防疫服务与物资供给，从而树立了良好的中国品牌形象，并为中国品牌的进一步国际化打下了坚实的基础。

2. 要重视品牌供应链建设

这次受全球疫情冲击，世界经济严重衰退，产业链供应链循环受阻。这对品牌企业是个严峻的考验。在经济全球化不断深化的今天，全球产业链不断融合，供应链上合作的企业越来越多。品牌的竞争早已演变成为产业链与供应链的竞争。在全球供应网络结构下，疫情引起的供应链的局部中断迅速发酵，牵一发而动全身，产生"涟漪效应"。这次疫情的冲击告诉我们品牌企业应更加注重供应链建设，不能像过去那样只考虑供应链的质量和效率，而是还要考虑供应链抗风险的能力，构建能够快速响应的弹性供应链体系，以维护品牌的正常运营。

3. 要加强品牌培育，促进对外贸易高质量发展

从全球贸易来看，国际市场竞争早已从产品竞争进入品牌竞争阶段。面对国际、国内形势的深刻变化，为推进我国贸易高质量发展，2019年11月，中共中央、国务院发布《关于推进贸易高质量发展的指导意见》。该意见明确指出，"加快品牌培育，大力培育行业性、区域性品牌……提升中国品牌影响力"。这为推动贸易高质量发展指明了方向。

如前所述，改革开放以来，在我国对外贸易产品结构中，自主品牌产品出口额占出口总额的比重不断上升，但具有国际影响力的品牌产品出口仍然偏少，同时贴牌加工产品出口额占出口总额的比重仍然在30%以上。因此，从全球贸易发展形势来看，加快品牌培育对推进我国对外贸易的高质量发展具有重要意义。

（五）新时代品牌建设的新思维

新时代对品牌发展提出了新要求。新时代的品牌建设应当树立本质思维、互联网思维、平台思维、数字化思维、生态化思维、资本思维、简约思维、用户思维、人性化思维、全球化思维等十大新思维，助力品牌的进一步创新发展。

1. 本质思维

新时代的品牌建设必须具备本质思维，精准抓住品牌的本质和行业的本质。

一是牢牢抓住品牌的本质，即立足差异化，通过不断创新为客户提供愉悦、难忘的体验。例如，举世闻名的可口可乐就一直在不断创新，其从产品、包装、营销、管理等方面持续进行品牌创新，并于2000—2013年连续14年被英特品牌评为世界最具价值第一品牌。华为公司也非常重视管理创新和产品创新，其每年的研发投入占销售额的比例不少于10%，并于2014年在中国品牌中第一个入选"世界最具价值100品牌"[①]。未来的品牌创新必须以顾客为中心，与市场相结合，秉承专注、与时俱进的理念，通过数字化平台、数字化组织管理、数字化运营、数字化体验等实现数字化转型。

二是精准抓住行业的本质，即抓住客户关注的最大品牌利益点。例如，酷特品牌成功的最大秘诀是抓住了服装行业的命脉——快，从而解决了个性化定制和工业化规模生产之间的矛盾。又如，零售商沃尔玛想方设法为消费者提供价廉物美的商品并保障消费安全，7-11便利店将便利做到极致，阿里巴巴致力于满足消费者随时随地快捷体验

---

① 详见：https://cpu.baidu.com/pc/1022/275122716/detail/51815812335489679/news?chk=1。

的需求，星巴克为顾客提供体验化服务，格力电器以质量制胜，等等。这些都很好地抓住了消费者关注的最大品牌利益点。

2.互联网思维

新时代的品牌建设必须拥有"互联网思维"，主要包括连接思维、流量思维、风控思维等。

一是连接思维。随着移动互联网、5G、物联网、云计算、大数据和人工智能等新信息技术的快速发展和应用，必将产生新的信息连接，进一步促进信息流动，从而改变边际成本递增、边际消费倾向递减和边际效应递减等传统经济规律，产生放大价值、提升效率、产销合一、提高连接力等四个赋能效应，并通过柔性化制造、分布式协同、智能化生产等重塑生产方式。因此，新时代的品牌建设应当具有连接思维，以实现更多和更好的连接。

二是流量思维。流量的本质是占有消费者的注意力，流量思维也是改进企业商业模式的基础。在传统商业模式下，主要是通过地理位置抢占人流量的入口。在互联网经济下，用户注册数量、用户访问频率、用户购买频率等流量的估值甚至可以达到数亿美元。例如，谷歌（Google）、推特（Twitter）、腾讯（QQ）之核心商业价值的基础就是"流量"。又如，宜家家居通过体验式卖场和优质的产品吸引顾客去消费，通过流量创造销售业绩。可见，新时代的品牌建设应当具备流量思维，致力于打造线上线下一体化的消费者互动体验。

三是风控思维。品牌是企业的生命力，但品牌所处的环境和市场具有不确定性。在企业的创立、维护和发展阶段，都可能会因为企业内部或外部的原因而出现品牌危机。因此，在品牌开源化的过程中，风控很重要。新时代的品牌建设必须具备风控思维，时刻预防品牌危机的发生。

3.平台思维

新时代是平台经济的时代，新时代的品牌建设应当善于利用平台建设品牌，有条件的企业还可以通过搭建平台来壮大品牌。

一是善于利用平台建设品牌。新时代的品牌建设应当针对用户所在的平台，通过有效的广告创意、有效的受众定位、有效的时机等，打造接地气的创意，并结合多重创意组合吸引消费者参与，以提高品牌的市场占有率和经营业绩。例如，在脸书平台上，平均每个月用户和商家、品牌之间传递的信息达100多亿条[①]。耐克则经由深入了解马拉松运动员社区，利用长视频、直播、照片墙（Instagram）快拍倒计时等多重体验，不仅吸引了铁杆马拉松粉丝，而且吸引了大量的跑步爱好者、健身爱好者以及被马拉松精神所打动的普通人。

二是有条件的企业可搭建平台，以壮大品牌。数字平台为大数据挖掘提供了基础条件，成为驱动市场高效资源配置的核心要素[②]。有条件的企业应当自身搭建平台，运用大数据挖掘，贴近用户需求[③]。以此与消费者形成长期动态的紧密关系，并结合消费场景强化大数据分析能力，从而构建对企业自身有价值的数据体系，实现海量流动的消费数据整合共享；形成适合企业未来发展的运营体系和大数据资源库，通过大数据挖掘提前预测消费需求，以数据驱动企业产品的研发创新，构建柔性供给机制，实现品牌的价值增值。

4.数字化思维

所谓数字化思维，就是指有意识地通过建立数据中心，将已有的用户联系起来，并通过建立数据中心，将还没有任何关系的潜在用户也联系起来；经由内容、活动，粉丝口碑等形式，将潜在用户转化成弱关系的访问用户，再通过高频的互动、良好的利益机制等将其转化成支付用户、注册用户、忠诚用户，最终实现用户从到店、支付、会员再到忠诚的转化。

以海尔为例，其通过"海尔顺逛"连接线上和线下业务，前端和后端系统，与海量用户建立直接联系，多维度实现消费者与消费者、消费者与企业之间的实时互动关系，建立属于品牌自身的大数据中心。

[①] 详见：https://www.cifnews.com/article/56601。
[②] 蔡超.论数字平台的兴起与数据商品的生成：基于马克思主义流通理论的考察[J].消费经济，2020，36（6）：17-24.
[③] 王春英，陈宏民.数字经济背景下企业数字化转型的问题研究[J].管理现代化，2021（2）：29-31.

同时，其借助大数据分析技术深入挖掘用户的个性化需求，强化产品与用户之间的感情体验联系，从而在消费者全生命周期中寻找能产生商业收益的各个节点。可见，我们在新时代的品牌建设中必须具备数字化思维，应借助数字经济，从数字技术赋能、商业模式变革、治理模式创新、基础保障支撑等四个方面积极探索企业数字化转型[①]。

5.生态化思维

品牌的生态化思维实际上包含了整合思维、优势思维、共享思维等诸多方面。在市场变化不断加快、产品和品类生命周期越来越短的时代，要想赢得竞争的主导权，建立或加入品牌生态圈是一个很好的选择。在品牌生态圈体系里，用户是核心，品牌企业根据消费者的需求图谱不断去叠加生态伙伴、产品与服务，将消费者的一次性交易转化为长期可持续交易，从而为消费者提供一站式系统解决方案。可见，品牌生态化就是为用户建立一种生生不息关系的环境和体系。打造品牌的产业链和供应链是建立或加入品牌生态圈的重要途径。品牌生态圈主要可以分为以下五种类型。

一是综合多元型品牌生态圈。对此，可采用控股、参股、并购等多种模式，发展各个行业的空间，形成综合多元型的品牌生态圈，如阿里巴巴、腾讯、百度等。

二是行业垂直型品牌生态圈。通过行业细分，使品牌专注服务于某一特定行业。例如，蓝源资本主导下的众陶联品牌，正致力于打造成为全球陶瓷产业链的整合服务平台。

三是资源互补型品牌生态圈。其采用资源置换模式，实现资源互补，如红星美凯龙入股欧派。

四是场景共享型品牌生态圈。该类型专注于场景细分，服务于某一特定的场景。例如，"小睡眠"专注于用户的睡眠场景，"掌上生活"专注于用户的便利支付场景，欧派则专注于从橱柜到厨房电器再到全屋整装的消费场景。

---

① 祝合良，王春娟."双循环"新发展格局战略背景下产业数字化转型：理论与对策[J].财贸经济，2021，42（3）：14-27.

五是社群垂直型品牌生态圈。该类型专注于用户细分，服务于某一特定的人群。例如，欧珀（OPPO）服务于享受时尚生活的年轻用户群，松鼠商城则服务于享受轻松、快乐、有趣生活的年轻人。

6. 资本思维

资本具有趋利性和增值性的特点，其追求利润最大化，并以此推动商业文明的重塑与行业的变革。现代市场经济离不开发达的资本市场，资本市场是实现品牌价值发掘和变现的场所。当下的中国，正从市场经济时代走向资本经济时代。资本与实业的结合更加重要，企业与金融正由"债权关系"向"股权关系"转变，企业与消费者的关系正由"客户关系"向"合作关系、互动关系"以及"事业合伙人"等方向转变。对此，企业家应转变思维——从市场思维向资本思维转变，通过资本运作能够优化和配置资源，实现效率最大化，帮助企业做大做强。

可见，新时代的品牌建设应当运用资本思维和市场的逻辑，借助资本力量的推动，实现品牌与资本市场的成功对接。由此，可对品牌资源进行重组，实现品牌金融化，使品牌财富形成几何级数的跳跃式增长，从而促进品牌的创新发展。

7. 简约思维

在新时代背景下，随着数字技术的迅速发展，用户获取信息的成本和转移成本极低，同时面临多种选择。所谓简约思维，就是秉持"少即是多，简约就是美"的理念，具有简单性、抽象性、实用性三大特征。这意味着具有简约思维的品牌更加专注于明确、强调和放大亮点，更能凸显品牌的核心价值，从而快速吸引消费者。

例如，特斯拉汽车的设计就遵循简约的理念，恰如马斯克所说，"汽车不应是复杂的"。又如，扎克伯格运用简约思维，创造了页面简单、功能清晰的脸书（已更名为Meta），使之成为一个拥有5亿用户的世界知名社交网站。再如，苹果吸引用户的不仅仅是其外观设计，更是功能设计。因此，苹果公司的移动操作系统iOS7尽管看起来比之前的操作系统更简单，但用户却大大增加了。

与之相反，有很多品牌因为没有注重简约思维，从而在企业多元化发展战略的道路上面临困境。例如，海尔从单一产品一度扩展为地产、手机、电脑、医药、家具制造等12个产业1.9万多个产品，联想从单一产品扩展为地产、手机、金融、农业、教育、出租车等12个产业，雅戈尔从单一产品扩展为地产、纺织、外贸、金融投资等多个领域，两面针从单一产品扩展为地产、日化、药业种植、卫生用品、造纸、巴士、进出口、蔗糖制造等10多个产业，等等。这些多元扩张的品牌，令消费者产生模糊感，也导致其品牌资产不断被稀释，从而不利于品牌的长期发展。可见，在新时代的品牌建设中，应当运用简约思维，通过简约的设计理念、简约的产品打造品牌的核心竞争力。

8. 用户思维

在新时代背景下，品牌价值链的各个环节都要以用户为中心。换言之，就是要改变以往工业化思维下以经营商品为核心的经营理念，转为一切以用户为核心，经营好用户，注重消费者认知和消费者感知。

一是注重消费者认知。所谓以用户为中心，首要之处就在于注重消费者的认知，想方设法让消费者参与进来。对此，企业可以通过消费者参与生产决策，根据用户个性化需求进行定制等方式，不断优化产品。例如，小米把消费者当作朋友，通过"专注""极致""口碑""快"等理念，迅速赢得了消费者。

二是注重消费者感知。以用户为中心，不仅要满足用户的功能需求，而且要注重消费者感知，满足消费者所希求的极致用户体验。例如，三只松鼠提供可爱的专用物流外箱、防水牛皮纸外包、真空铝塑内包、"鼠小夹"、开壳工具、辅助品、赠品、试吃装等，雕爷牛腩通过产品层的高性价比、体验层的惊喜重重、客户心理层的满怀期待等，实现了用户的完美消费体验。

9. 人性化思维

步入新时代，人的需求重心从注重物质需求转向注重精神需求，从注重产品功能转向注重用户体验。世界著名的品牌设计公司朗涛（Landor）的创始人有句至理名言："产品制造于工厂，品牌创造于心灵。"是否满足人的精神需求和情感需求是产品和品牌的本质区别之所在。品牌的建设也应当顺应消费者的精神需求和用户体验，以实现更高层次的人性化需求。因此，新时代的品牌建设就是要以人为本，以消费者为本，具备人性化思维，通过人性化的品牌定位、品牌价值观、品牌管理，制造人性化的产品，创造人性化的体验，提供人性化的服务，以满足消费者日益增长的精神和情感需求。例如，沃尔沃汽车从1907年其第一辆汽车驶下生产线开始就以安全著称。而今，其依然在安全、健康与环保、电气化与新能源、智能互联、自动驾驶等五大前沿领域致力于提供人性化服务。又如，百年来中华老字号品牌同仁堂始终秉承"同修仁德、济世养生"的理念，为消费者提供高品质的质量与服务。

10. 全球化思维

全球化的趋势不可阻挡，已经成为重要的时代特征。新时代的中国必须进一步融入世界经济的发展潮流，具备全球化思维，参与国际竞争。如今，企业竞争正从价格竞争和质量的竞争发展为品牌竞争，消费需求也从产品需求和质量需求发展为品牌需求，这些都对中国的品牌建设提出了新的要求。

因此，新时代的中国品牌要想做大、做强、做久，就必须树立全球化思维，通过本土化生产，国际化经营，将全球化和本土化结合起来。对此，应改变传统的资源经营思维，转而以品牌为核心，强调专业化、核心经营的思维，整合全球资源，加强全球供应链管理，打造品牌核心竞争力，以实现品牌的可持续发展。

四、新时代老字号的发展机遇

2017年10月，党的十九大报告提出了中国发展新的历史方位——中国特色社会主义进入了新时代。如前所述，步入新时代，中国老字号品牌面临难得的历史性发展机遇，高质量发展为老字号企业的发展指明了路径并提供了保障，体验经济时代的到来为老字号企业昭示了美好的发展前景，新一轮科技革命和产业变革时代的到来为老字号企业的创新发展带来了强大的驱动力量,"一带一路"倡议的实施为老字号企业搭建了广阔的市场舞台。与此同时,中华文化的振兴也需要老字号企业承担起更重要的历史使命和国家使命。

(一)高质量发展的时代背景与老字号发展的机遇所在

近年来,党和国家领导人高度重视老字号创新发展,习近平总书记在讲话中多次提到传承中国文化,并在各地调研中多次深入老字号企业。2016年5月,习近平总书记在黑龙江调研时强调,"黑龙江转方式调结构任务艰巨,要着力优化产业结构,改造升级'老字号',深度开发'原字号',培育壮大'新字号'",从而为老字号的传承和发展指明了方向。

党的十九大报告作出"我国经济已由高速增长阶段转向高质量发展阶段"这一重大判断。在社会主义现代化建设的新时代,要实现高质量发展,必须着力转变发展方式、优化经济结构、转换增长动力,提高经济发展的质量和效益。所谓高质量发展,就是要推进要素结构、企业机构和产业结构的优化调整,提高要素质量和配置效率,满足新时期需求,保障经济可持续发展,其主要内容包括压减过剩产能,优化产业分布,激发民间资本力量,防范和化解金融风险等。要实现高质量发展,最根本的是要改变生产方式,这既包括生产力的调整,也包括生产关系的变革;既要发挥市场在资源配置中的决定性作用,也要发挥好政府的引导作用。由此可见,老字号在高质量发展下迎来了新的战略机遇期。

1. 深化"放管服"改革,为老字号释放新的发展生机

要实现高质量发展,就要通过深化简政放权、放管结合、优化服务改革(即"放管服"改革),促进经济发展方式和结构的转变。通过降低企业制度性交易成本和税费成本,释放市场更大活力,加快新旧动能转换。当前,政府通过"放管服"改革,已将审批项目缩减四分之一至三分之一,推行审批服务标准化,破解企业设立"办证"难题,清理涉企收费,放宽社会服务准入门槛等。老字号可以抓住此次机会,加速企业结构的优化转型升级，从而使企业迅速恢复生机，具备更强的市场竞争力。

2. 并购重组有利于老字号扩大规模，增强市场控制力

在推动高质量发展的过程中，推进企业兼并重组是优化配置社会资源的有效方式，也是企业整合资源、调整产业结构，做大做强优势企业，救活困难企业的有效途径。老字号涉及面广，行业集中度不高，同一行业内存在数家企业并存却都不温不火的局面。进行企业并购重组无疑能化解这种尴尬的局面。例如，数家中小型企业通过合理的并购方式成为一体后，能够迅速扩大企业的规模与影响力，提高行业集中度。

并购重组后，老字号企业还有机会尽快突破资金、技术、渠道、顾客、经验等行业壁垒，实现迅速成长，进而增加企业自身抗击风险的能力，降低经营风险，增强市场控制力，提高市场占有率，迅速积累资本。同时，推进企业兼并重组，还可以通过资本运作等方式引进关键技术，从而实现对产业链高端环节的布局。

3. 新的政策支持为老字号发展提供了更多支撑点

在推动高质量发展过程中，国家和地方均推出了一系列支持企业创新发展的要素政策、资金政策和服务政策。针对老字号企业，2008年商务部等14部门印发的《关于保护和促进老字号发展的若干意见》，对老字号的发展提供了强有力的全面支持。与此同时，各地也都在探索实施支持老字号发展的专项政策，在商业网点规划、品牌保护、工艺创新、人才培训认定、融资服务、市场开拓等方面提供了链条化支持。在供给侧结构性改革的大环境下，老字号企业获得了众多机遇，政策的支持给老字号的复兴带来了诸多支撑点，只要老字号企业紧紧把握市场机遇，就可以走向复兴。

（二）体验经济时代的到来与老字号发展的机遇

如前所述，纵观经济发展史，人类社会已经从工业经济时代发展到服务经济时代，并开始进入体验经济时代。一方面，体验经济是以客户为中心的经济，它反映的是人类消费行为和消费心理正在进入一种新的高级形态。另一方面,消费也呈现出从注重量的满足向追求质的提升,从有形物质产品向更多服务消费,从模仿型、排浪式消费向个性化、多样化消费等的一系列转变。

图1-23为企业产品的衍生服务体系。

图1-23　企业产品衍生服务体系

1.服务消费的兴起为老字号企业发展提供了广阔的空间

面对日益多样化的市场需求,一些老字号企业提供的产品,却在几十年里从品种、工艺到包装几乎都没有变化,更无法提供良好的配套服务。这种情况,不仅无法适应现代消费市场不断变化的需求,而且限制了企业经营效益的提高。

随着"个性化、休闲化、体验化、定制化"消费时代的到来,95后、00后逐渐成为消费主力军。对此,老字号企业应在提高产品品质的基础上,创新经营方式,重点搭建由线上服务、咨询服务、定制服务、维保服务、交流培训服务等构成的多层次业务体系,吸引都市消费群体和年轻消费群体,有效聚人气、增效益,从而实现老字号品牌的价值倍增。

2.体验经济崛起推动老字号企业拓展更多的体验场景

现在,已有越来越多的企业开始按照体验经济的思路来设计产品、服务、体验场景等。其目的就是在同质化越来越严重的今天,通过体验服务来实现差异化。由于核心产品的差异化操作越来越难,许多企业只能通过设计与众不同的客户体验来打造品牌特色。对此,老字号可积极加强针对体验经济的设计和经营,通过品牌之间的跨界整合、强强联合,不断推陈出新,通过互联网、虚拟现实、IP授权等,不断优化体验环境，以满足消费者"新奇特"的个性化需求，从而在更高层面赢得产品和服务的竞争。

（三）第四次科技革命、产业革命与老字号发展的机遇

当前，全球正掀起新一轮科技革命和产业变革，以数字化、网络化、智能化等为特征的信息化浪潮蓬勃发展，数字经济、共享经济、平台经济加快扩散。由人工智能、清洁能源、机器人技术、量子信息技术、虚拟现实以及生物技术等引领的第四次技术革命，已经在孕育、兴起之中。

新技术与实体经济的加快融合，对传统产业带来了巨大的冲击和重构，将颠覆现有很多产业的形态、分工和组织方式，实现多领域融通，不断催生出新产业、新业态、新模式。时至今日，创新已经成为老字号最好的传承方式。只有传承而没有创新的老字号不能永续发展。综观至今活跃于市场之中的世界知名百年老品牌，都在坚守其品牌精神内核的同时，不断利用现代技术创新生产工艺和经营管理，牢牢把握市场竞争的主动权。

1. 新技术为老字号产品服务创新提供了广泛技术支撑

老字号是成百上千年商业和手工业竞争中留下的极品，经历了艰苦奋斗的发家史而最终统领一行。随着消费升级和消费需求的多元化，加之现代经济的快速发展，老字号在坚持传统工艺的基础上，如果能搭上现代科技发展的快车，学会技术转换，主动拥抱新技术，包括引入现代信息技术、生物技术、中医药技术等，就能不断开发出新工艺、新产品，从而在保持自身品牌特色独树一帜的同时赋予产品以新时代的新内涵，满足当代市场需求，使老字号焕发出更大的价值。

2. 新技术为老字号经营管理创新提供了多元有效手段

移动互联网、大数据等技术的快速发展，为老字号品牌的再次焕发青春提供了巨大契机。新技术能够使老字号在保持原汁原味的基础上，推动服务创新、模式创新和营销创新，从而吸引新的消费群体，

不断扩大影响力。

首先,老字号企业可依托"互联网+"的模式,在电商平台的赋能下,通过大数据手段发掘自身品牌之新的细分用户人群,从而锚定更加精准的市场营销方向。

其次,老字号企业可以借助数字智能技术,实现对各业务单元的实时数据采集,进而实现对线上店铺、线下门店、商品组货、采购生产的协同管理,从而优化流通和服务流程,挖掘企业最大效益。

3.数字技术驱动老字号企业效率的提升

在数字经济背景下,线上多渠道策略可成为老字号企业的数字化转型方向。例如,线上多渠道策略比单渠道策略更有利于提升老字号上市公司的全要素生产率,自建线上平台也比入驻第三方电商平台更有利于提升老字号上市公司的全要素生产率。

(1)线上多渠道策略比单渠道策略更有助于提升老字号企业的效率。

一是线上多渠道策略更能够满足消费需求。罗珉等提出,消费者正逐渐成为市场中心,消费需求在社会再生产中地位和重要性提升,需求导向正逐渐替代过去的生产导向而成为主流的商业模式[1]。数字经济使实体空间碎片化、分散化、小众化,需求由于虚拟空间的聚集而产生规模效应和协同效应,互联网双边市场效应为企业消费数据的积累、分析等提供了支撑。

田红彬等指出,数字化经营和"全渠道"协同效应能提升企业的运营效率和周转效率[2]。在数字经济背景下,老字号企业利用互联网、云计算、大数据、人工智能等数字化技术,通过线上多渠道发展策略直接面对消费者,能够全面打通消费者接触点,高效接收消费者信息,并通过积累海量的消费者数据信息降低消费者的搜索成本和时间成本,从而满足消费者个性化、多元化的需求,提升消费者忠诚度。

---

[1] 罗珉,李亮宇.互联网时代的商业模式创新:价值创造视角[J].中国工业经济,2015(1):95-107.

[2] 田红彬,杨秀云,田启涛.数字经济时代零售业态演化与企业绩效实证研究[J].经济经纬,2021,38(2):91-101.

二是线上多渠道策略更有助于拓展市场空间。孙国强等发现，网络组织与数字类资源融合可推动企业的网络数字化转型①。老字号企业由于受到线下时空的限制，大部分只能发展成区域型企业。在数字经济背景下，老字号企业依托互联网、大数据、人工智能等数字技术突破商品生产和消费之间的时空制约，降低生产和消费之间的信息不对称，通过线上多渠道策略避免传统企业在空间上的局限性，由此可以更有效地扩大市场空间、拓宽组织边界，实现规模经济和范围经济，从而提升老字号企业的技术效率。张弓酒业运用多种数字技术大力发展线上销售渠道，就是这方面的一个典型案例。

（2）入驻第三方电商平台比自建线上平台更有助于提升老字号静态技术效率。在数字经济背景下，"互联网+"商业模式具有多重竞争优势。郝身永指出，互联网拥有以数量庞大、极富黏性的潜在客户为基础的渠道优势，利用互联网技术可以有效集聚差异化需求，形成长尾效应优势，从而利用大数据进行精准化营销②。

从短期、静态的角度看，老字号企业通过入驻第三方电商平台，可以借助虚拟空间通畅的信息沟通渠道，经由大数据跟踪消费者个性化、分散化的需求，精准挖掘消费需求，形成长尾效应之优势。与自建线上平台相比，入驻第三方电商平台的人力、财力和物力投入均较小。换言之，依托平台的品牌影响力和流量扩大销售，风险和不确定性均较低，短期内的投资回报率也比较高。

阿里巴巴数据显示，已有超过七成的老字号入驻淘宝、天猫，其中，年销售额超过亿元的中华老字号品牌已达200个。仅2018年7月至2019年6月，中华老字号品牌在淘宝、天猫等的整体成交金额已超过370亿元，其中58个品牌成交过亿元，五芳斋茶香粽等老字号产品已成为"天猫618"平台的爆品。

（3）自建线上平台比入驻第三方电商平台更有助于提升老字号动

---

① 孙国强，李腾.数字经济背景下企业网络数字化转型路径研究[J].科学与科学技术管理，2021，42（1）：128-145.
② 郝身永."互联网+"商业模式的多重竞争优势研究[J].经济问题探索，2015（9）：41-44，148.

态全要素生产率。以数字经济驱动的技术创新、组织制度革新等，有助于提高全要素生产率，促进企业的可持续发展。蔡超认为，数字平台使大量数据得以沉淀，为大数据挖掘提供了基础条件，成为驱动市场高效资源配置的核心要素[①]。李唐等发现，数据管理能力将通过增强企业家风险预测能力、改善人力资本绩效激励、优化目标规划、提升企业创新绩效等中介渠道促进生产率增长[②]。王春英等也提出，企业应当自身采用搭建平台的方式，运用大数据挖掘，贴近用户需求[③]。

从长期动态来看，老字号企业通过自建线上平台，更有利于与消费者构建长期、动态的紧密关系；搭建大数据分析平台，结合业务场景强化数据分析能力，可构建对企业自身有价值的数据体系，实现海量流动的消费数据整合共享，形成适合企业未来发展的运营体系和大数据资源库；通过大数据挖掘提前预测消费需求，可缩短商品从生产到消费的流通时间，加速商品更新迭代，提升消费频率，整合物流链、供应链、服务链等，发挥需求识别、引导生成的联动机制，激活供需匹配和联动再生产资源配置的相关机制；以数据驱动企业产品研发创新，从推动到拉动，可重构供应链由垂直的线性供应链向虚拟化、动态化的网络供应链演进，建立需求驱动的预测、采购、库存、运输、配送等全链路的数字化供应链体系；构建柔性供给机制，可实现服务价值增值，获得可持续发展的企业核心竞争优势，并使之成为老字号企业效率提升的长期驱动力。

（四）"一带一路"倡议的实施与老字号发展的机遇

"一带一路"倡议的实施为中国主动向外推广优质产能和比较优势产业提供了重要机遇。此举将使沿途、沿岸国家率先获益，也改变了历史上中亚等丝绸之路沿途地带只是作为东西方贸易、文化交流的过

---

① 蔡超.论数字平台的兴起与数据商品的生成：基于马克思主义流通理论的考察[J].消费经济，2020，36（6）：17-24.
② 李唐，李青，陈楚霞.数据管理能力对企业生产率的影响效应：来自中国企业－劳动力匹配调查的新发现[J].中国工业经济，2020（6）：174-192.
③ 王春英，陈宏民.数字经济背景下企业数字化转型的问题研究[J].管理现代化，2021（2）：29-31.

道而成为发展"洼地"的面貌，从而有利于推动建立持久和平、普遍安全、共同繁荣的和谐世界。

2013年，我国提出"一带一路"倡议，为中国企业"走出去"提供了良好的发展契机。自此，一批优势企业和品牌走出国门，加快塑造国际竞争力，提高国际化经营能力和服务水平，向全球中高端产业链体系迈进。

1. "一带一路"为老字号企业打开了更广阔的市场舞台

首先，"一带一路"的发展以基础设施的互联互通为基础。长期以来，我国与沿线国家的交通网、基础设施连通还不够完善，由此阻碍了我国企业对沿线国家的投资。以铁路、公路、能源、电网等基础设施建设为先导的对外直接投资，可以搭建良好的承载平台，从而降低我国企业对外拓展的成本，激发其"走出去"的积极性。

其次，"一带一路"横跨亚洲、非洲、欧洲和大洋洲，沿线60多个国家和地区中既有经济发达的欧盟，也有经济较为落后的中亚、南亚、东南亚、西亚等地区的部分国家，沿线人口众多，占世界人口的近44%，这不仅为我国企业"走出去"提供了广阔的消费市场，而且提供了大量的本土劳动力。我国老字号企业可充分借助这一历史性平台，拓宽销售和消费市场，在发展壮大中实现自身的国际化发展。

2. "一带一路"为老字号企业打通了国际资源整合渠道

"一带一路"是国际合作的新平台，也是中国对外开放的升级版。中国企业是"一带一路"建设中的重要市场主体，扩大对外投资、加快企业国际化进程已成为其参与"一带一路"建设的核心要义。据商务部统计，2023年中国与"一带一路"沿线国家和地区的贸易额已达19.47万亿元人民币，同比增长2.8%，占我国外贸总值的46.6%。

由此，老字号企业可借助"一带一路"平台积极对接沿线国家的市场需求，推动与当地资源要素的有效融合，通过合作研发、海外并购、中外合资等方式，引进国际先进技术、人才、管理经验、品牌等资源，在消化吸收当地被收购公司的优势资源后，将企业自身优势与海外资源进行内外整合，从而在真正意义上实现本土品牌的国际化、跨越式发展。

3. "一带一路"为老字号企业创造了良好的境外资金环境

资本走出去是企业"走出去"的先决条件，良好的投融资机制和稳定的资金输送是项目持续推进的基础。目前，中国人民银行已与"一带一路"沿线20多个国家和地区的央行签署了双边本币互换协议，并在7个国家设立了人民币清算行。来自开发性及政策性金融机构、各类投资基金和商业银行等的支持力度也在不断加大。

例如，目前我国的国家开发银行、进出口银行等政策性银行的贷款余额已达到2 000亿美元左右；中国出口信用保险公司已为相关企业提供出口信用保险和海外投资保险；以亚洲基础设施投资银行为代表的多边金融机构和丝路基金、中国-中东欧投资合作基金等先后成立并已开始运营；商业银行是市场化支持"一带一路"的主力军，目前国内已有10多家商业银行在"一带一路"沿线近30个国家和地区设立了一级分支机构。这些资金不仅投向基础设施建设领域，而且支持企业的国际化发展。总之，对外资金环境的改善，将为老字号企业的国际化拓展提供便利的进出口、融资、并购、资金汇兑等服务。

（五）非遗老字号的传承与发展

根据联合国教科文组织《保护非物质文化遗产公约》，非遗的最大特点是不脱离民族特殊的生活生产方式。换言之，非遗是民族个性、审美习惯的"活"的显现。它依托人本身而存在，以声音、形象和技艺为表现手段，以身口相传作为文化链而得以延续。

在我国，国家级非遗分为十大类别，分别为民间文学，传统音乐，传统舞蹈，传统戏剧，曲艺，传统体育、游艺与杂技，传统美术，传统技艺，传统医药和民俗。在这十大类别中，传统技艺（以手工艺为主）和传统医药两类包含大量的老字号非遗项目。从一定意义上而言，研究老字号非遗的传承机理，也是研究我们民族特有的精神价值、思维方式、想象力和文化意识，从中能够揭示5 000多年来中华优秀文化的传承，以及中华民族的生命力和创造力。

老字号作为根植于中华传统文化和历史商贸活动中的重要资源，历史悠久。在漫长的历史发展过程中，老字号通过口传身授，传承和保留了大量的文化遗产，从而成为非遗传承的重要载体，本书称之为"非遗中华老字号"。

老字号企业与一般的企业有所不同，其字号、产品、技艺及创始人都承载着一定的文化特质和历史内涵。新中国成立初期，我国的老字号企业约有16 000家。时过境迁，随着市场经济环境下国产新品牌的诞生和越来越多国外品牌的涌入，老字号日渐式微，到1990年时只剩下1 600多家。2006年，商务部针对老字号的普查显示，约70%的老字号生产经营十分困难，约20%勉强经营，只有10%左右的老字号步入良性发展轨道。

近年来，随着国家政策的大力扶持，媒体的高度关注，以及消费者怀旧心理的复苏、国潮品牌的兴起等，老字号的整体经营环境有了较大的改善，其产业与行业也有了一定的变化。但是，长期以来由于经营理念相对保守、经营体制落后、人才与资金短缺、创新不足等，绝大部分老字号仍然未实现良性发展，有的甚至只保留了品牌而不再经营。作为我们民族品牌象征的老字号，如何才能够延续其珍贵的形象，保留其无形的价值、传统技艺，重建其昔日的辉煌？已经成为摆在我们面前的重要问题。

老字号的传承性与创新性具有明显的文化属性，这与非遗所具有的基本特征有着极大的相似性和契合性。如何利用非遗活动对老字号进行有效保护？如何在传统与现代、文化与市场之间重新诠释老字号与非遗的辩证关系？这些不论是对老字号的发展还是对非遗保护而言，都是十分重要的问题。

进入21世纪，以政府为主导的体系化的非遗研究和保护开始起步，并在此后的10多年间取得了跨越式的发展。随着社会经济的发展，非遗保护工作也越来越受到政府、学术界及社会各界的关注，越来越多的参与者开始加入非遗的传承和保护工作中。由此，非遗保护在政策制定、理论研究和实践探索等方面都有了新的拓展，呈现出新的发展趋势。

1. 非遗与老字号的简介与属性

（1）非遗及其社会属性。业内人士指出，所谓非遗，是指被各社区、群体（有时是个人）视为其文化遗产组成部分的各种社会实践、观念表述、表现形式、知识、技能以及相关的工具、实物、手工艺品和文化场所。非遗世代相传，在各社区和群体适应周围环境以及与自然和历史的互动中，被不断地再创造，为这些社区和群体提供了认同感和持续感，从而增强了我们对文化多样性和人类创造力的尊重。

从这个定义出发，非遗有其自身鲜明的基本特点，如"独特性、活态性、传承性、流变性、综合性、民族性、地域性"等。社会与文化的多样性决定了非遗的多元性，其具体内容既包括人们所创造的物质文化（或称"有形文化"），也包括蕴藏在人们头脑、实践、互动之中的精神文化（或称"无形文化"）。它不但是某一社会群体的生存方式，也是群体构建社会关系、传递社会文化的工具和载体。不论非遗以何种形式呈现，其形成都需要一个长期积累的过程，这不仅是一个社会绵延与传承的过程，也是特定人群形成与强化认同的过程，更是社会情感与社会记忆形成的过程。

（2）老字号及其社会属性。老字号是指历史悠久，拥有世代传承的产品、技艺或服务，具有鲜明的中华民族传统文化背景和深厚的文化底蕴，取得社会广泛认同，形成良好信誉的品牌。从文化传承的视角来看，老字号的一些显著特征也体现在其所具有的历史性、社会性和传承性上。老字号在其漫长的发展过程中融入人们的生活，成为人们生活方式的一部分。相比一般的企业来说，老字号的象征意义更为显著；对某些消费群体来说，老字号产品则是一种身份和生活方式的象征。

可以说，对老字号的认同，是国人对自我认同的强化与延伸。更为重要的是，老字号所承载的某些无形文化符号，已经深深地镌刻在人们的记忆中，老字号之所以不同于其他企业，是因为其在成百上千年的发展过程中，积累了独特的文化内涵和文化格调。它是一种商贸景观，更是一种历史传统文化现象。所以，老字号文化的传承与发展同非遗一样,具有活态传承的特质,其在技艺的传承基础之上,将培育传承人作为代表性项目和品牌发展中更重要的任务。

2.非遗与老字号的关联性

非遗与老字号的关联性,主要体现在文化与社会层次上。一是非遗所倡导的生产性保护,与老字号产品的生产行为有着内在的一致性。二是老字号与非遗都是经历了长时间的社会检验才流传下来的,且具有"社会记忆"的内涵。三是老字号所具有的文化与社会属性,同非遗所承载的文化与社会信息具有一定的相似性,这使二者之间的关联性更为凸显。

具体来说,非遗是人类宝贵的物质与精神创造,它不仅记载着古老的记忆,而且体现着特定群体的智慧与精神。老字号则不仅是商业经营的典范,而且以商业的形式传递着社会记忆与传统文化、折射着人们的生活方式与消费文化、展现着地域特征与城市文化。

随着现代工业的迅速发展,原有的社会结构和生活环境发生了巨大的变化。在现代化、国际化、都市化、市场化等因素的影响下,许多珍贵的文化及其传统都遭到了不同程度的冲击和破坏,老字号也同样面临这样的威胁。当然,随着文化自信、文化自觉的提升,人们已经越来越意识到传承非遗和老字号的意义与重要性。

3.非遗在老字号文化创新发展过程中的作用

中华老字号之所以称为"老字号",一个重要的原因便在于其文化基因,特别是在传承中华民族悠久文化的特质方面。对于一些老字号来说,它们之所以能够存在和发展,在一定意义上在于其文化的"卖点"。这些卖点就是老字号企业的"文化基因",而这种文化基因就是非遗。因此,一些老字号企业借助文化基因的形式,通过传递非遗之文化符号和文化内涵,再现传统文化或传统生活方式的魅力,同时使老字号企业独特的传统技艺得以进一步创新和传承。实践证明,这种方式和方法是有成效的,对老字号企业的经营来说是有意义的,对中华民族文化的保护和传承也是有价值的。

与此同时,非遗的品牌价值和文化内涵也是老字号的灵魂。老字号企业文化的形成和塑造，是一个长期生产经营实践的结果，而非遗所承载的传统文化和技艺是老字号的"根"和核心技术。坚守这个"根"，老字号的生存就有了相应的保障。当然，随着社会的变迁，传统的技艺面临新技术、大数据的挑战，同时也面临人们的生活方式、思想观念调整所带来的挑战。

面对新环境下的社会转型，老字号也迫切需要创新。这种创新，不仅体现在新工艺、新技术上，而且体现在老字号对品牌的再造和再生产上，即需要为之注入新的元素和新的理念。同时，如果离开传统谈创新，将失去老字号本身的特点，并将出现本末倒置的问题，所以从这个角度来说，非遗的传承与保护对老字号的创新发展与文化再造而言，起到了积极的作用。

时下流行的国潮热、非遗热、传统文化热等，都为老字号企业在坚持传统技艺、保护传统文化等方面提供了有效途径。特别是，非遗传统技艺与老字号企业的发展史、历史事件、传承人、掌门人、名人逸闻趣事等的结合，加上与现代文化、现代技术元素的结合，可推动非遗文化与老字号企业文化的有机融合与创新发展。这种天然的契合性，使非遗文化中的诸多价值能够有效地作用于老字号的品牌创新与文化传承之中。

4. 老字号在非遗文化传承发展过程中的作用

老字号企业作为非遗的拥有者，肩负着保护、传承、发展和合理利用非遗的责任。老字号在长期生产和商业实践中创造的精神财富，是代代老字号掌门人、经营管理者的思想力、创新创造力和生产生存力的结晶，是支撑老字号百年发展和传承的核心力量。有的老字号掌门人不但是经营者也是传承人，在传承和延续企业生命力的过程中，其绝活、绝技、绝艺以及所掌握的秘方，既有助于企业内涵的提升，也有助于企业外延的拓展。

从体质特征来说，老字号的发展历程表明，正是在传承的基础上，它们凭借不断创新的思维、理念、实践，方才走到了今天。事实证明，在这历经沧桑、延续百年的过程中，文化才是老字号、非遗传承人生存、延续、发展的根本,而对文化的坚守需要合格的传承者。这些传承者是文化的主人,他们可以生动、理智地传承文化和技艺。对这根本的坚守,同样需要的是承传者。这些承传者,既是承传老字号的代表和组织者,也是承接前任、留待后人的关键人物。

不论是传承者还是承传者,他们都是赓续文化精神的代表,承担起了传承中华民族文化的神圣使命,他们为中华民族守住了一份实实在在的、光辉灿烂的文化遗产。

5. 老字号非遗的传承发展之道

(1)合理传承发展创新化。老字号企业一般都有数十年乃至成百上千年的历史,悠久的历史使老字号具有很高的知名度、稳定的市场、特有的专项技术和丰富的管理经验,并成为我国非遗的重要来源。这些无疑都是老字号企业的优势。然而,这些优势也容易导致老字号企业背负沉重的历史包袱,如观念陈旧,缺乏创新精神,冗员较多,缺乏生机活力,设备老化,缺乏先进技术等。

老字号只有随着时代的变化、需求的发展,在继承的基础上不断创新,才有生命力。可以说,创新是老字号的生命之源,只有持续创新,其才能在市场竞争中拥有旺盛的生命力。当然,创新也需要依循科学的创新策略。总体来说,可以从管理、营销、产品、技术等四个方面进行创新。

保护、传承、创新与发展息息相关,它们是一个整体,将历史、现在以及未来完美地结合在一起。就保护而言,最为关键的是提高人们的保护意识。对于传承来说,则需要结合时代特点,提出当代意识与传统文化融合中的焦点。就创新而言,需要的是与时俱进的意识。就发展而言,这是对非遗进行传承和保护的关键一招,也是使其得到保障的前提。

漳州片仔癀药业股份有限公司党委书记、董事长刘建顺曾说:"不创新,是企业最大的风险。要创新,经营团队要承担更大的风险。为消除风险,必须创新,要爬坡过坎,不走常规路。"漳州片仔癀药业股份有限公司于1999年12月改制创立,2003年6月在上海证券交易所上市。国家一级中药保护品种片仔癀，源于明朝宫廷御方，拥有近500年历史，传奇的故事、弥久沉淀的文化、口口相传的口碑吸引了广大消费者对其的关注和深入了解。在战略规划与产业发展创新方面，漳州片仔癀药业股份有限公司推行"医药制造 + 现代健康生活方式 + 现代物流方式 + 传统医药物流方式"的发展模式，并创新性提出片仔癀体验馆这一营销模式。在市场、科研、资本、品牌的合力作用下，片仔癀这一老字号向科技要动力，迈出了关键性的第一步。片仔癀在发展的长河中不断改革创新，让"老字号"拥有"新内容"、展现"新亮点"、焕发"新优势"，在"传承 + 创新"中为老字号品牌发展贡献了力量。

（2）知识产权保护国际化。老字号的工艺和技术，是中华民族优秀传统文化的精髓，包含了中华民族的创新精神，体现了传统科学价值、人文价值、经济价值，承载着我国各族劳动人民智慧的结晶，是中华文化的原创部分。

因此，对老字号非遗知识产权的保护，应与文化创意和文化产业结合起来。现在，我国仍有不少非遗传承人以及老字号企业对待非遗技艺时的区域性品牌概念浓厚，仍习惯性地固守自己的老历史、老市场、老工艺等，就连消费人群也主要定位在中老年人，认为这样才能体现自己传承百年的老品牌、老字号特点。这些人或企业故步自封，甚至从来没有走出国门的想法，其品牌、专利、商标意识不强，管理能力不足，没有对自身品牌进行相应的保护；真正出现问题后也没有证明材料来证明其在先权利、使用情况等，导致维权道路艰难、漫长。

反观发展出色的老字号企业，其除了对非遗传承人的支持，将传统的技艺发扬下去之外，还因为拥有核心技术而在高速成长、发展时期就已经把产品销往全国乃至全世界，从而打造出了属于我们民族的世界品牌。仍以片仔癀为例，几百年来，其产品于东南亚一带形成了很强的消费黏性，按东南亚的旧时风俗，片仔癀被奉为"镇宅之宝"。当地人拜访长辈、亲戚时素有送片仔癀的习惯，片仔癀也因救人无数而获如潮赞誉，享有崇高地位。

当然，非遗老字号要想真正实现"走出去"，除了在社会地位、经济支持、技术认证等方面国家应给予一定的政策支持和经济保障外，还要协助这些老字号培养传承人，在不断丰富自身文化含量的同时，实现技术、资本、管理、人才和管理的国际化，从而使民族品牌符合国际通用标准和国际标准化服务。这样，一方面可以做到不失中国文化风格，另一方面可以将老字号的深厚文化底蕴向全世界传播。

（3）顺应社会发展，讲好品牌故事。怎样才能让一个品牌广为人知且代代相传？重要的手段之一就是通过讲述脍炙人口的品牌故事。老字号在长达数十年乃至成百上千年的经营发展中形成了不少的品牌文化故事，这些故事经过长时间的口耳相传，不断为广大消费者所熟知。

以同仁堂为例，电视剧《大宅门》的播出，获得了空前热烈的反响，这部反映同仁堂早期经营史的电视剧，为国人上了一堂鲜活的文化历史课，也提升了同仁堂这一民族品牌的影响力。在同仁堂350多年的发展历程中，围绕这家老字号有着数不清的故事，既有辉煌的大故事，也有感人的小故事，更有富含民族精神的好故事。在这些故事里，体现了同仁堂"选料讲究、货真价实"的产品理念，"诚信为魂、质量为纲"的经营理念，以及"宫廷御药、永怀仁德"的品牌理念，等等。

讲好老字号故事这种方式可以称为"吸入知识，呼出成功"。当人们沉浸在老字号故事中的时候，就自然地"吸入"了民族品牌的精气神，了解了老字号的发展史和成功之道，从而使人更有兴趣去了解老字号，去消费老字号的产品。老字号也在讲述品牌故事的过程中，帮助人们获得了产品之外的文化和知识，搭建了社交网络，增加了用户黏性，更为重要的是传播了正确的企业价值观和深厚的民族情怀。

老字号在讲述品牌故事的过程中，要学会利用现代营销手段和网络手段进行品牌文化（包括蕴含其中的非遗文化）的传播与推广。对此，可采用召开研讨会与品牌论坛，吸引公众参与体验活动（如观摩药材制作技艺），通过文化宣传片、电影、电视剧、微视频等进行嵌入式传播，以及利用论坛、博客、微博、公众号、社群、自媒体等手段进行整合式的品牌故事传播。

有的老字号企业对"酒香不怕巷子深"这句老话深信不疑，认为只要产品好、质量好、工艺好就行，只要货真价实就不愁卖不出去，所以这些老字号通常都不太注重宣传。然而，在现代市场经济条件下，产品已经极大丰富。表面上琳琅满目的产品，其内在功能和质量差异实际上已经越来越小，换言之，当今的市场已经进入了品牌时代，不宣传、推销自己，名气就上不来，就很难为消费者所熟知、认可，企业的产品就会湮没在竞品的海洋中。所以，老字号在讲好品牌故事的过程中，必须树立现代市场营销意识，懂得花气力、花资金来宣传和推销自己，从而扩大影响，扩大销售。老字号应当牢记这一点：在现代市场经济的环境中，酒香也怕巷子深！

（4）将新时代老字号管理理念制度化。老字号是生命力长久的著名品牌，消费者对老字号的熟悉、热爱都是基于对其品牌的高度认可。从国家层面来看，对老字号的要求也可谓极其之高。

2006年，商务部为中华老字号下的定义和提出的条件是：中华老字号是指历史悠久，拥有世代传承的产品、技艺或服务，具有鲜明的中华民族传统文化背景和深厚的文化底蕴，取得社会广泛认同，形成良好信誉的品牌。其具体标准是：拥有商标所有权或使用权；品牌创立于1956年（含）以前；传承独特的新产品、技艺或服务；具有传承中华民族优秀传统的企业文化；具有中华民族特色和鲜明的地域文化特征，具有历史价值和文化价值；具有良好信誉，得到广泛的社会认同和赞誉；国内资本（包括我国港澳台地区资本）相对控股，经营状况良好，且具有较强的可持续发展能力。

中华老字号在长期的经营发展中，形成了持续的品牌文化和良好的经营管理制度，这些文化和制度常常涉及企业的使命、经营哲学、质量观和服务观。但在不少中华老字号企业内部，很多这些文化和制度都是以店规、厂训等方式存在的，并未得到系统整理。显然，这种情况是不可持续的。步入新时代，中华老字号要想做大做强，不断擦亮"金字招牌"，就必须不断突破传统地域的限制和传统目标顾客的限制。那么，中华老字号优秀的品牌文化以及非遗传承人精湛的技艺，怎样才能在企业发展壮大的过程中得到有效传承呢？对此，著名中华老字号桂发祥给出了回答。

桂发祥是一家专业从事包括传统特色在内的各类休闲食品的研发、生产和销售的企业。令桂发祥驰名中外的是被誉为"津门三绝"之一的麻花——十八街麻花。对于麻花的生产和研发等，桂发祥坚持传统食品与科技相结合，引进新时代的管理理念和管理方式，引进现代化的流水生产线、生产工艺，建立自己的食品科研机构，深入开发桂发祥产品体系，等等。

第一，生产方面。桂发祥的麻花生产厂区完全执行国家环保标准，实行全封闭无菌净化生产；采用电脑程控生产线及数字化视频现场监控管理，使进货、生产、存货等20多道关键工序实现自动化连续作业，日产麻花数量可达50吨。

第二，研发方面。为了使自己的麻花与众不同，桂发祥在产品开发上，聘请权威食品专家组建研发中心；在新品研制上，注重绿色与健康，改造了传统的单一品种，注重产品的多元化，先后研制生产了中西糕点、面包、休闲食品、节令食品等上百个品种，实现了多元化经营。

桂发祥董事长李辉忠认为，十八街麻花作为传统食品，其产品本身具有选料精细、工艺考究的传统，对原料、配方以及生产工艺严格精湛的要求可以说在业内是独一无二的。这种传统为桂发祥成为经典品牌打下了坚实的基础，这是中华老字号留下来的宝贵遗产，是需要桂发祥人代代传承的传统。

（5）人才储备与培育匠人化。企业的发展核心是人：经营企业是人，传承技艺还是人，没有人何来继承？所以对老字号来说，先做好传承者，然后才能做好经营者。必须看到，人才流失已成为当前老字号生存发展中面临的瓶颈问题，非遗文化和技艺没有传人的问题已经凸显。可见，人才培养对与老字号相关的各类产业开发以及非遗本身的传承保护都是极为重要的。事实上，对现存非遗的传承与开发，需要充足的后续人才。

片仔癀药业总经理黄进明曾表示，片仔癀始终坚持向科技借力，他说："我们积极与高校合作，开展林麝人工繁育、取香标准化研究、养殖麝香质量标准技术研究、种源繁育、营养和饲料配方、疾病防治等关键养殖技术研究，保证麝香来源可靠、优质。"实际上，除了向科技借力外，片仔癀的举措中更具有深远意义的是培养人才。例如，2021年，片仔癀与王广基院士（中国工程院院士、"863"重大专项"临床前药代动力学关键技术及平台研究"的全国牵头人、教育部药物代谢动力学博士学位授权点学科带头人）就技术攻关和人才培养等达成合作意向并签订合作协议。

桂发祥董事长李辉忠认为，"在吸纳、选拔、使用人才的同时，应注重对人才的教育和培养工作。我们从一线选拔品德优良的管理人员，使他们通过学习调整知识结构，从而在理论和实践的结合过程中提高管理水平"。桂发祥视人才为财富，十分重视用感情留人，用环境留人，用事业留人，十分重视激励人才，并加强对人才的教育和培养工作。桂发祥的传人秉持一辈子只做一件事，一辈子做好一件事的专注与坚定，在技艺方面追求精雕细琢、精益求精。可以说，正是这些传人为桂发祥的百年发展不断注入了新鲜的血液。

2021年3月，教育部发文，将非遗保护列入普通高校本科专业目录，要求各大高校为非遗的传承与保护开设专门专业，并为本地区的非遗传承与保护编写相应的专业教材，以使传承与保护非遗的意识渗入各高校的教育系统中[①]。

随着现代化以及全球化进程的加快，我国的文化形态发生了重大变化，非遗受到的冲击也越来越大。在不改变传统技艺特点的前提下，新时代的非遗传承人对老字号进行工艺创新、技法创新、题材创新、风格创新等的目的，是努力创造出为更多人所了解、所接受、所喜欢

---

① 同时，教育部相关负责人强调，高校应该重点培养的是非遗保护工作者而不是非遗传承人，非遗传承人应尽量在原保护地进行培养。

的有灵魂、有温度、有内涵的产品,并使之产生良好的经济效益,从而夯实非遗传承的经济基础,使传统技艺重新获得更加旺盛的生命力。与此同时,要防止对非遗产品的过度开发甚至滥用等情况,所以,加强对非遗的保护、传承、发展以及合理利用的制度化管理是很有必要的。

(六)中华文化振兴与老字号创新发展的独特机遇

习近平总书记强调,中华优秀传统文化是中华民族的文化根脉,其蕴含的思想观念、人文精神、道德规范,不仅是中国人思想和精神的内核,对解决人类问题也有重要价值。我们要推动中华优秀传统文化创造性转化、创新性发展,激发全民族文化创新创造活力,建设社会主义文化强国。老字号是中国历史文化的见证者,也是中国文化软实力的重要体现,在新时期振兴中华文化的过程中具有重要的价值,承担着特殊的使命,也面临着宝贵的发展机遇。

1.继承和弘扬传统文化为老字号拓展新价值

党的十八大以来,习近平总书记在一系列讲话中多次指出,要继承中华民族优秀传统文化,弘扬中华传统美德,构筑国家精神。老字号企业的创业、奋斗经历,其世代传承下来的规矩和信条、历史品牌的延续以及收获的海内外赞誉等,都是经得起历史考验的无价之宝。为此,我们要更加努力,使老字号企业通过体制转型、观念更新而再创辉煌,使之再度成为中华文化的重要样板和亮丽名片。

同时,具有深厚传统文化基因的老字号企业,在我国从"产品走出去"到"品牌走出去"的转型中,也应积极通过跨国资源整合、业务流程改造等方式,提高自身的国际化经营能力和服务水平,塑造一批能够在全球市场上代表中国参与商业竞争、进行文化交流的国家品牌形象。

2.传承非遗成为老字号发展的新路径

非遗是一个民族古老的生命记忆和活态的文化基因,体现着一个民族的智慧和精神。我国于2004年8月正式加入了《保护非物质文化遗产公约》。2005年,国务院发布《关于加强文化遗产保护工作的通知》,要求进一步加强对物质文化遗产和非遗的保护,并决定从2006年起每年6月的第二个星期六为我国的"文化遗产日"。2017年，中共中央办公厅、国务院办公厅印发《关于实施中华优秀传统文化传承发展工程的意见》。该意见对于建设社会主义文化强国、延续中华文脉、全面提升人民群众文化素养、维护国家文化安全、增强国家文化软实力、推进国家治理体系和治理能力现代化具有重要意义。同时，该意见也是新中国历史上第一次以中央文件形式，专题阐述中华优秀传统文化传承发展工作，这充分体现了党和国家对保护文化遗产的高度重视。

老字号作为我国传统文化遗产的重要载体，也是非遗的重要组成部分。党的十九大报告明确指出，"推动中华优秀传统文化创造性转化、创新性发展"。2019年的《政府工作报告》也专门提出，要"加强文物保护利用和非遗传承，推动文化事业和文化产业改革发展"。

以北京为例，当前该市共有26项老字号入选国家级非遗。对此，北京的老字号特别是入选非遗名录的项目，应该进一步加深对优秀传统文化的理解，提高对造型艺术和相关材料、技术等的把握和运用能力，积极参加相关传承实践和传播等活动，从而实现自身在新时代中的不断延续、发展和振兴。表1-8为北京老字号入选国家级非遗名录项目（2006—2009年）。

表1-8　北京老字号入选国家级非遗名录项目（2006—2009年）

序号	项目名称	申报单位
1	同仁堂中医药文化	北京同仁堂（集团）有限公司
2	荣宝斋木版水印技艺	荣宝斋
3	北京景泰蓝制作技艺	北京市珐琅厂有限公司
4	剪刀锻制技艺	北京栎昌王麻子工贸有限公司
5	京作硬木家具制作技艺	北京市龙顺成中式家具厂
6	全聚德挂炉烤鸭技艺	中国全聚德（集团）股份有限公司
7	便宜坊焖炉烤鸭技艺	北京便宜坊烤鸭集团有限公司
8	盛锡福皮帽制作技艺	北京盛锡福帽业有限公司
9	内联升千层底布鞋制作技艺	北京内联升鞋业有限公司

续表

序号	项目名称	申报单位
10	张一元茉莉花茶制作技艺	北京张一元茶叶有限责任公司
11	王致和腐乳酿造技艺	北京王致和食品集团有限责任公司
12	六必居酱菜制作技艺	北京六必居食品有限公司
13	东来顺涮羊肉制作技艺	北京东来顺集团有限公司
14	鸿宾楼全羊席制作技艺	北京鸿宾楼餐饮有限责任公司
15	月盛斋酱烧牛羊肉制作技艺	北京月盛斋清真食品有限公司
16	北京烤肉制作技艺	聚德华天控股有限公司烤肉季饭庄
17	天福号酱肘子制作技艺	北京天福号食品有限公司
18	都一处烧卖制作技艺	北京前门都一处餐饮有限公司
19	北京二锅头传统酿造技艺（红星）	北京红星股份有限公司
20	北京二锅头传统酿造技艺（牛栏山）	北京顺鑫农业股份有限公司牛栏山酒厂
21	"菊花白"酒传统酿造技艺	北京仁和酒业有限责任公司
22	北京宫毯织造技艺	北京地毯五厂
23	金漆镶嵌装饰技艺	北京金漆镶嵌有限责任公司
24	鹤年堂中医药养生文化	北京鹤年堂医药公司
25	古字画装裱修复技艺	荣宝斋
26	古籍修复技艺	中国书店

资料来源：中国非物质文化遗产网。

3.重视工匠精神传承，为老字号注入新活力

工匠精神，是一种对待工作和产品精雕细琢、精益求精的精神理念，是一种情怀、一种执着、一份坚守、一份责任。在2016年全国两会上，"工匠精神"首次被写入《政府工作报告》。党的十九大报告指出，要"建设知识型、技能型、创新型劳动者大军，弘扬劳模精神和工匠精神，营造劳动光荣的社会风尚和精益求精的敬业风气"。2019年的《政府工作报告》提出，要"大力弘扬奋斗精神、科学精神、劳模精神、工匠精神，汇聚起向上向善的强大力量"。

以北京老字号为例，它们发扬精益求精的工匠精神，得到了消费者的广泛认可。以内联升的布鞋工艺为例,一双普通的千层底布鞋要纳2 100多针,制作一双成鞋,不仅需要精心选材,而且需要经过90多道工序;整个制鞋过程中所使用的工具约有40种之多,每道工序都有严格、明确的标准,讲究尺寸、手法、力度,要求干净、利落、准确,严格明确的工序标准深入工人师傅的每个动作之中。可以说,这里的每双鞋都是"内联升人"一针一线、一丝不苟做出来的。正是有了这样的工匠精神,内联升的鞋才能让人穿着舒坦,走起路来轻快洒脱。

在新的时代背景下,工匠精神在传承老字号品牌的过程中彰显了其独特的意义和作用。在国家高度重视工匠精神传承和发展的背景下,老字号企业应根据自身的实际情况深化改革,深入发扬工匠精神,充分学习借鉴国外百年老店的成功模式,完善工匠人才的引进与培养,让技艺精湛的工匠得到足够重视,并加紧培育一批专业化、市场化、国际化的能工巧匠,真正让老字号后继有人。这样,不仅能够为老字号的品牌创新发展注入新的活力,而且能够营造具有浓厚的工匠精神的社会文化氛围,促使工匠精神在老字号企业乃至全社会获得人文回归。

第二章　老字号真实性与老字号传承研究

老字号具有特有的品牌属性，其真实性是消费者关注的焦点。将真实性概念引入老字号传承与创新的研究之中，源于消费者对真实性的需求，以及虚假泛滥的市场给消费者带来的不确定性。对不确定性所产生的焦虑促使消费者追求真实、确定和足够的安全感。实证研究表明，品牌真实性与消费者的购买意愿及消费取向有着密切关联。换言之，越是在充满不确定性的时代，真实性在品牌发展和产品营销过程中就越能发挥积极的作用，老字号品牌也是如此。

品牌真实性可以从以下两个角度来解读：其一，品牌真实性是产品的内在属性；其二，品牌真实性是对品牌真实性形象的主观判断。换言之，前者的表述是基于客观真实的视角，后者体现的则是品牌建构中的真实性。

一般来说，消费者对品牌真实性的客观评判标准是事实本身是否有据可查，对此他们往往会使用确定来源的信息去判断产品或品牌的真实性。品牌的真实性具体表现在产品的原产地、品牌延续的时间与连续性、产品配方、企业经营理念与该品牌的承诺是否"言行一致"等方面。

一、品牌真实性与老字号真实性

（一）品牌真实性

作为一个哲学概念的真实性源于哲学，来自希腊语"authoritative"

（权威的）和拉丁语"original"（起源的）两词的结合，指某物是真正的（genuineness）、实际的（actuality）、正宗的（authentic）、准确的（accuracy）等（Roth，1997）。其含义通常与原创的（original）、诚实的（honest）、权威（authoritative）、神圣的（sacred）、真实的（real）等意义相关联，与复制的（copy）、欺骗的（corrupt）、虚假的（false）、伪造的（fake）等词义相对立（Lowenthal，1994）。原创（original）是真实性最基本的一层含义（赵红梅、李庆，2012）。有关消费者对真实性的需求的研究和关注可以追溯至19世纪，绝大多数营销实践者和学术研究人员认为，真实性对于消费者的消费行为和企业的品牌化之路是不可或缺的（Leigh，2006）。

本质上，品牌就是以一种真实性的状态而存在的。真实性作为品牌识别和品牌认同的核心要素，意指品牌的原真性、正宗性、质量承诺和品牌精髓的延续性（Newman，2014）。品牌真实性理论假设品牌的商业属性与消费者的价值诉求之间存在矛盾，并由此认为企业应当基于品牌的真实内核和精髓构建独特的品牌形象，以赢得消费者的共鸣和认可（Schallehn et al.，2014）。对品牌真实性的研究，有利于对消费者的购买意向进行判断和预测。表2-1为有关真实性的各种学术阐释。

表2-1 有关真实性的各种学术阐释

真实性类型	真实性内涵	代表学者
建构真实	这种真实性包含逼真、真正、原真、权威等四种含义	布鲁纳（Bruner，1994）
心理真实	这种真实性是指事物传递的精神价值，使个体实现真实自我	贝弗兰（Beverland，2008）
纯真实	这种真实性是指事物与传统或原产地完全一致	
客观真实	这种真实性是指真正与原真，是与原物的对等	刘伟，王新新（2010）
建构真实	这种真实性，是指根据个体自身的信念、期望、偏好、权威等形成的对真实性的判断	
存在真实	这种真实性来自个体内心的体验，取决于个体是否能感受到真实的自我	

续表

真实性类型	真实性内涵	代表学者
存在真实	真实性是在特定情境下形成的品牌特质，是始终且完全未变的品牌要素，如秘不外宣的配方、正宗的原料、特殊的工艺等	纽曼（Newman, 2014），亚历山大（Alexander, 2009），姚鹏等（2014）
象征真实	品牌定位和品牌形象的象征意义	冈德拉奇和内维尔（Gundlach and Neville, 2012）
审美真实	这种真实性来自企业与市场的建构，如传承的文化、社会公益和权威认证等	莫哈特等（Morhart et al., 2015），姚鹏等（2014）
属性真实	这种真实性是指某些属性或维度的真实	纽曼（Newman, 2014）

资料来源：本书根据相关文献整理而成。

对于老字号而言，"变"与"不变"可以引申为老字号的创新和传承，传承即保持不变，而变在某种层面上是相对于不变而言的一种平衡。换言之，真实、正宗的老字号品牌形象可通过保持不变和保持平衡这两个方面来加以诠释和解读。

所谓保持不变，即为了维持正宗、经典的品牌形象，老字号在风格和外在特征上应当延续原有的标准，这种观点实际上秉承了客观真实性的观念。也就是说，老字号要在创新过程中注重保留其品牌的根本内涵，传承老字号的传统配方、经典工艺、经营理念和产品特色等能够激发消费者怀旧情怀的要素，从而形成与开发新产品、提供新服务、改进创新营销沟通策略以及不断深挖、拓展目标消费市场等创新举措之间的平衡态势。只要方法得当，保持真实、正宗的老字号形象是可以实现的。

（二）老字号真实性

1. 老字号真实性的概念

所谓老字号真实性，指的是老字号品牌创建过程中的真实性问题，包括客观真实、建构真实和自我真实。其中，客观真实代表了老字号

"老"和"经典"等特点；建构真实是老字号在现代商业大潮中逐渐失去原真并结合现代因素进行社会建构，从而使消费者感知到的真实性；自我真实是消费者在消费购买的同时，因实现对自我身份、地位等的认同而感知到的真实性（徐伟、汤筱晓、王新新，2015）。

具体而言，客观真实通常体现为独特且稳定的标签，如保持不变的商号、楹联或牌匾，正宗的原料，秘不外宣的配方，特定的产地及生产方式等。由此可见，老字号的客观真实虽然能够最大限度地呈现老字号的品牌形象和品牌内涵，但也会给消费者留下产品老化、形象古板等客观印象，而这一印象往往表现为消费者市场购买意向的降低和市场份额的下滑。

所谓老字号的建构真实，通常指的是：企业与市场、个体以及群体针对特定老字号的认知在与原物比照的过程中所形成的社会建构。建构真实往往体现在老字号所传承的文化、所履行的社会责任（如从事社会公益）和权威认证等层面。

老字号的自我真实，指的是老字号所留传下来的某种特质和内涵可以唤起消费者的怀旧意识，实现消费者的心理价值，满足消费者的心理诉求和身份认同。换言之，自我真实是消费者在获取老字号产品之功能性价值的同时，在追寻老字号原物表达意义的过程中，所实现的个人和社会自我内在统一的真实。

2.老字号真实性概念的阐释

通过问卷分析可知，广大消费者也认为老字号的真实性体现在自我真实、客观真实和建构真实这三个方面，如表2-2所示。消费老字号产品的过程也是一个体验历史文化的过程，悠久的历史和文化的传承是消费者的消费核心和购买意愿的价值来源，也是消费者怀旧情感的主要诱因。购买和消费老字号产品的过程，可以激发起人们积极的情感联想和真实的内心状态。看重品牌和产品的象征意义使消费者对其自我行为有了更加清晰的评价，而这也是其对自我的角色和社会身份及地位的锚定。

表2-2 老字号真实性内涵的结构

概念	类型	维度	要素
老字号真实性	客观真实	原真：老字号与原物的完全对应，是老字号原创新与独特性的体现	原料正宗，配方神秘，商号、楹联、牌匾等不变，产地正宗等
	建构真实	建构	悠久的历史、传统工艺的传承等
		责任	积极从事公益、关爱员工等
		权威	权威认证、品牌和市场影响力等
	自我真实	个人自我	心理释放，使身心愉悦，引发怀旧情怀与自我探索等
		道德自我	注重文化传播与保护、实现自我价值等
		社会自我	展示地位和身份、社会认同等

由老字号定义以及对上述调查问卷结果的提炼可知，老字号的真实性体现在其传承了传统的工艺、得到权威认定（如来自商务部"中华老字号"的权威认定，以及各地官方老字号评定机构的认定）、关注公益（体现了部分老字号创立的初衷）、历史文化的传承等要素上。以上要素固化和建立在原物基础之上，在传承中融入了人的社会意识和行为。可见，较之于原物，老字号的真实性在很大程度上其实是社会建构的产物。

"是不是原物"是评判老字号客观真实性的重要标准。在历史演变的过程中，如果传统文化、原创性和独特性等始终保持不变的"老字号真实性要素"被消费者视为客观真实，那么这就是消费者所认可的老字号原物。例如，六必居有"秫稻必齐，曲蘖必时，湛炽必洁，水泉必香，陶器必良，火齐必得"的"六必须"；吴裕泰有"自采、自窨、自拼"的"三自"操作规范；内联升创办人赵廷密藏《履中备载》，其专记特殊的靴鞋尺寸、样式和特殊脚形，可以说是最早的"客户关系管理档案"，这些老字号的原物，生动地体现了老字号的客观真实。可见，这些老字号之所以能够在历史的涤荡中传承至今，其所仰赖的重中之重就是完全的客观真实，绝不掺杂使假。

二、老字号真实性实证分析

本书通过面对面访谈和自行编制的调查问卷收集真实性数据资料。在问卷编制的过程中，首先是在文献资料、老字号企业提供资料和访谈等的基础上收集问卷原始资料，其次通过归纳整理编制初始问卷，最后通过专家讨论会意见和预测试对初始问卷进行修正，形成正式的《老字号品牌真实性调查问卷》（以下简称"老字号真实性调查问卷"）。

（一）老字号真实性调查问卷概述

1. 研究目的

对老字号真实性进行调查。了解人们对老字号品牌的认知、态度以及消费倾向，包括品牌认知、形象认知、消费态度、消费倾向等。

2. 研究方法与文本量

本调研采用定量分析的方法。其中，通过网络调查有效回收文本量为525份，通过拦截访问有效回收文本量为41份，合计566份。

3. 调查方式

网络调查及随机拦截访问。

4. 受访者背景

本次调查样本中的受访者，其性别比例基本平衡，男女性别比例分别为53.1%和46.9%（见图2-1）。

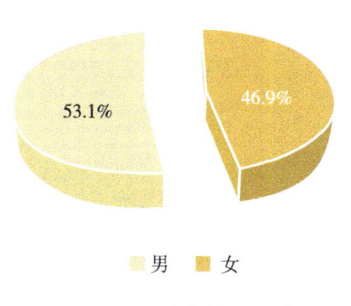

图2-1 受访者性别分布

本次调查样本中的受访者，其年龄集中在25～55岁，占比为70.8%。由于中老年人对老字号的敏感性强于其他年龄段，因此，30～55岁人群及55岁以上人群的占比超过了50%（见图2-2）。

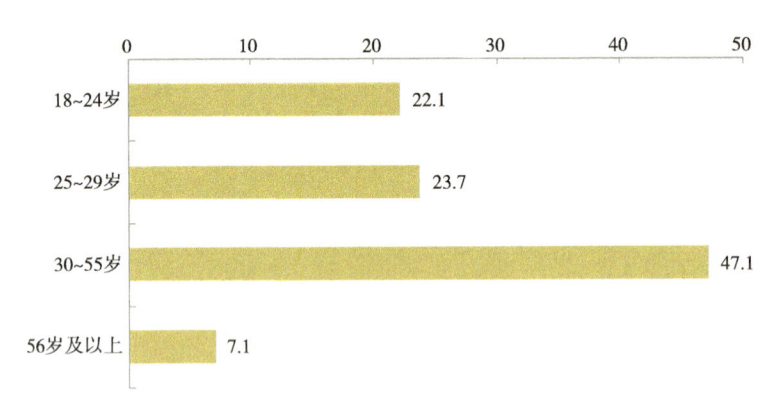

图2-2　受访者年龄分布（%）

本次调查样本中的受访者，具有本科及以上学历背景的比例达到84.6%，说明此次受访群体普遍具有较好的学历背景（见图2-3）。

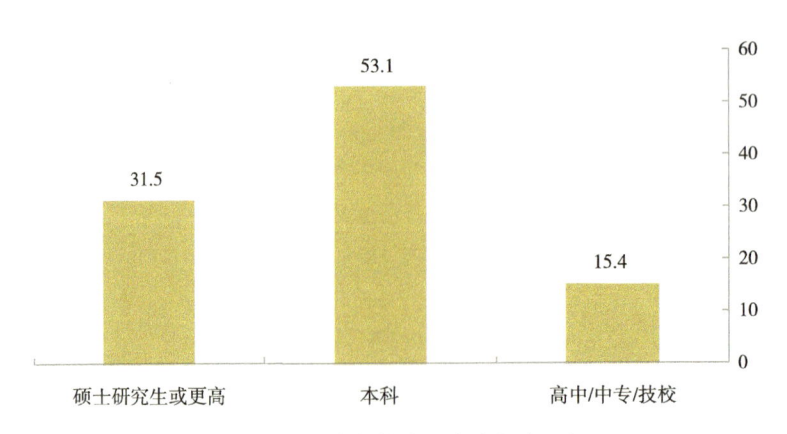

图2-3　受访者教育程度分布（%）

受访者中，半数以上的月收入在5 000元以上，比例达到了52.3%，其中8 000元以上的比例为27.6%。就目前国内居民收入情况来看，此次受访群体的收入处于中等偏上水平（见图2-4）。

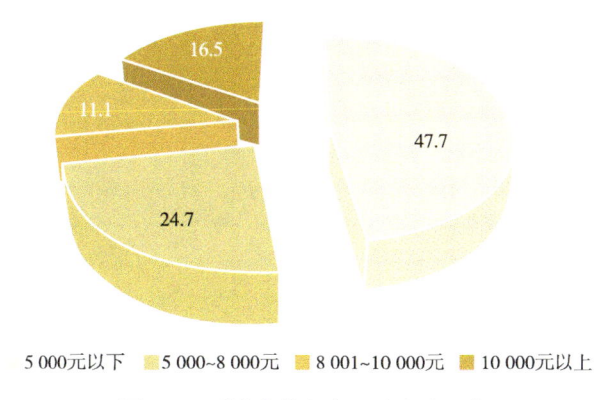

图 2-4　受访者收入水平分布（%）

5 000元以下　5 000~8 000元　8 001~10 000元　10 000元以上

此次调研显示，受访者的职业背景具备多样性特征，各行业均有分布。其中，28.7%的受访者的职业背景为企业工作者，接下来为学生24.9%、教师11.5%、公务员8.5%（见图2-5）。

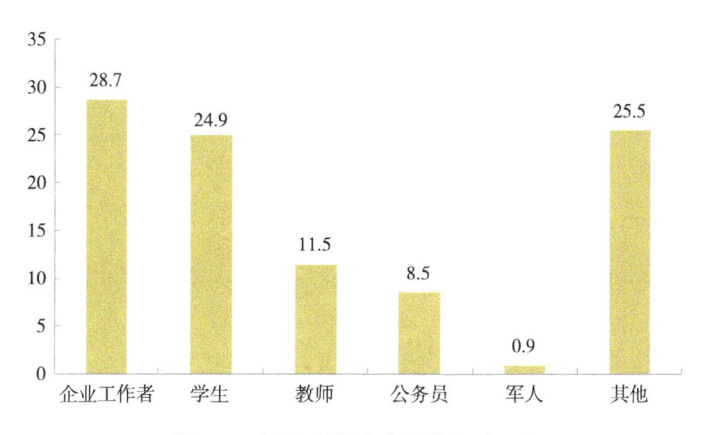

图 2-5　受访者职业背景分布（%）

本次调查样本中，京籍受访者占比为16.5%，非京籍背景的比重则达83.5%。基于目前北京人口的构成的特点，非京籍比例较大的情况基本符合现状（见图2-6）。

（二）老字号真实性调查问卷分析

在品牌真实性管理中，客观真实、建构真实和自我真实是维持真实、正宗的老字号品牌形象的不同方式。本书试图通过问卷调查证实以

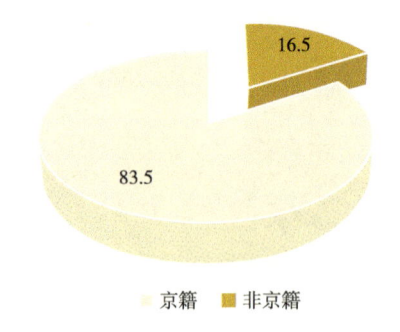

图 2-6　受访者户籍情况分布（%）

下几个问题：①消费者对老字号品牌的认知是否与老字号的客观真实相关？②消费者对老字号品牌的态度是否与老字号的建构真实相关？③消费者对老字号品牌的购买倾向是否与老字号的自我真实相关？

1.关于客观真实的问卷调查

在本次问卷调查中，以下有关"对老字号的认知"的问题与老字号的客观真实相关。问卷测定维度包括：正宗的原料，神秘的配方，产地正宗，一直没有改变的商号、牌匾、楹联等。

Q1：如何判断该产品为老字号产品？

调查显示，超过三成的受访者对老字号品牌的认知集中在产品注册商标上，另有约三成受访者是看产品包装上是否有老字号标记，还有近三成受访者则是根据经验来判断的（见图2-7）。

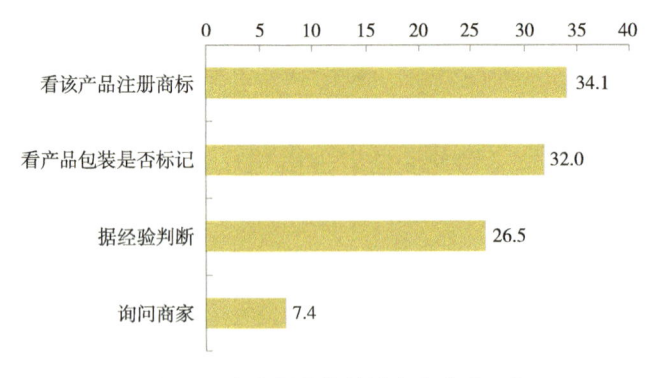

图 2-7　老字号品牌的认定方式（%）

从年龄细分看，不同年龄的群体对老字号的认知存在较大的差异：18~29岁的受访群体认知老字号时更倾向于"看产品包装是否标记"，30岁以上的受访群体认知老字号时更倾向于"看该产品注册商标"，而"据经验判断"认知老字号的群体年龄集中在25~55岁（见图2-8）。

从收入细分看，不同收入受访群体对老字号的认知同样存在较大差异，近三分之一月收入在5 000元以下的受访群体更倾向于"看产品包装是否标记"；月收入在5 000~8 000元和10 000元以上的受访群体更倾向于"看该产品注册商标"，占比也接近三成；而月收入在8 001~10 000元的受访群体更倾向于"据经验判断"，也占三成左右（见图2-8）。

整体而言，受访者对老字号的认知普遍比较模糊，这也从一个方面说明老字号整体的宣传推广力度有待提升。

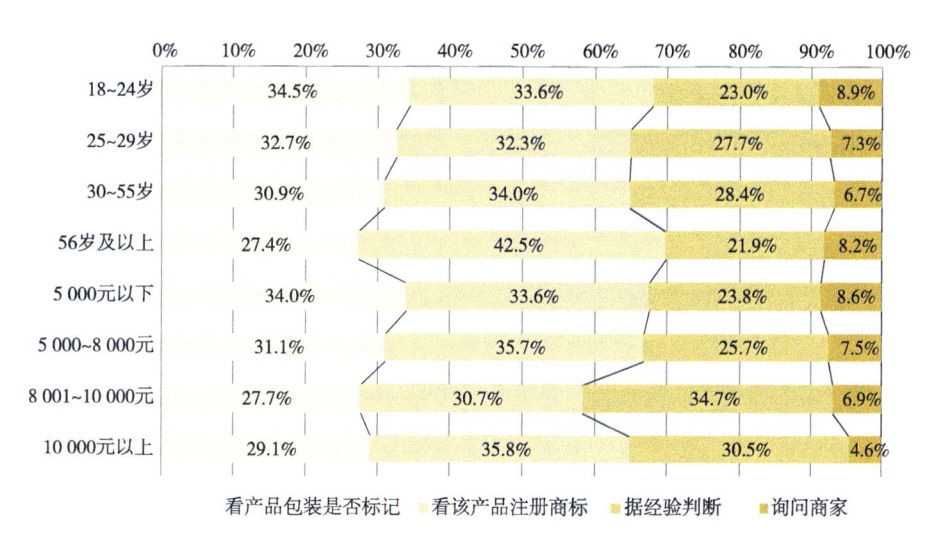

	看产品包装是否标记	看该产品注册商标	据经验判断	询问商家
18~24岁	34.5%	33.6%	23.0%	8.9%
25~29岁	32.7%	32.3%	27.7%	7.3%
30~55岁	30.9%	34.0%	28.4%	6.7%
56岁及以上	27.4%	42.5%	21.9%	8.2%
5 000元以下	34.0%	33.6%	23.8%	8.6%
5 000~8 000元	31.1%	35.7%	25.7%	7.5%
8 001~10 000元	27.7%	30.7%	34.7%	6.9%
10 000元以上	29.1%	35.8%	30.5%	4.6%

图2-8 不同年龄及收入的受访群体对老字号品牌的认知方式分析

从籍贯细分看，京籍与非京籍的受访群体对老字号的认知既有共性又存在差异。首先，"看该产品注册商标"是京籍和非京籍受访者认知老字号的共识。其次，京籍受访者对老字号的认知更倾向于"据经验判断"，占比为30.4%；非京籍受访者对老字号的认识则往往选择"看产品包装是否标记"。这表明京籍受访者在对老字号的认知过程中更具地域生活优势（见图2-9）。

Q2：是通过什么途径知道这些老字号的？

调查显示，受访群体认知老字号的途径主要有电视、网络、广告和亲戚朋友等四种途径（见图2-10）。其中，首选电视途径来认知老字号的比例接近25%，这说明大约每四个人中就有一个人是通过电视途径了解老字号的。此外调查显示，受访群体对老字号的认知模式还是较为多元的。

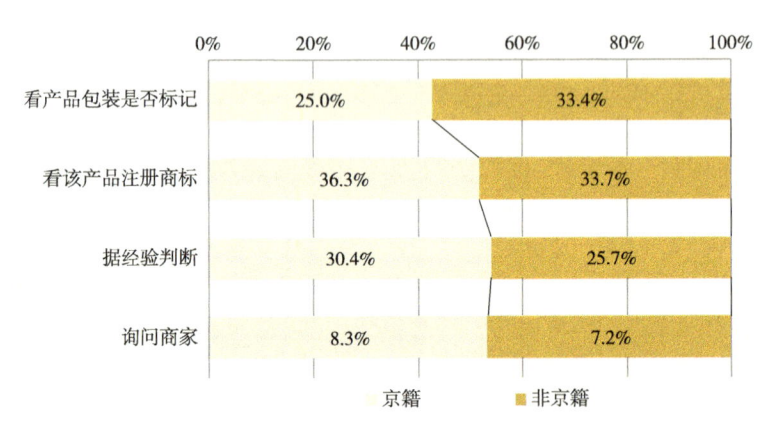

认知方式	京籍	非京籍
看产品包装是否标记	25.0%	33.4%
看该产品注册商标	36.3%	33.7%
据经验判断	30.4%	25.7%
询问商家	8.3%	7.2%

图2-9　不同籍贯的受访群体对老字号品牌的认知方式分析

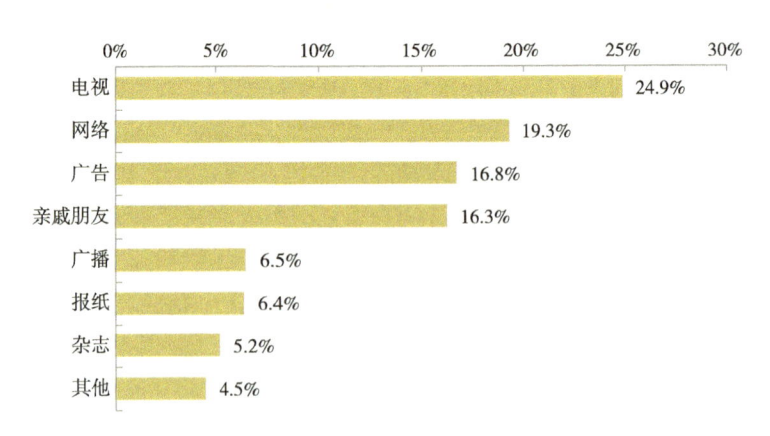

途径	占比
电视	24.9%
网络	19.3%
广告	16.8%
亲戚朋友	16.3%
广播	6.5%
报纸	6.4%
杂志	5.2%
其他	4.5%

图2-10　受访群体对老字号的认知途径分析

调查数据显示，不同收入和不同年龄段的受访群体对老字号的认知途径主要是电视、网络、亲戚朋友和广告等，各认知途径的占比接近，相差不大（见图2-11）。其中值得关注的是，中老年消费者对报纸途径比较钟爱，而年轻消费者通过电视和网络途径了解老字号的比例较高。

	0%	10%	20%	30%	40%	50%	60%	70%	80%	90%	100%
18~24岁		25.9%		4.5% 3.9%	18.0%	5.1%	22.5%		18.0%	2.0%
25~29岁		27.1%		3.8% 6.0%	18.4%	4.4%	21.4%		15.3%	3.6%
30~55岁		24.3%		6.9% 6.9%	15.4%	5.7%	18.8%		16.3%	5.5%
56岁及以上		19.3%		16.0%	11.8%	16.8%	5.9% 7.6%	14.3%	8.4%
5 000元以下		26.3%		5.6% 4.5%	17.3%	4.1%	21.3%		18.3%	2.7%
5 000~8 000元		25.0%		6.0% 6.8%	16.2%	6.0%	19.5%		14.5%	6.0%
8 001~10 000元		22.8%		5.6% 8.1%	18.3%	7.6%	15.7%		15.7%	6.1%
10 000元以上		23.2%		9.6%	10.0%	14.4%	5.9%	16.6%	14.0%	6.3%

■电视 ■报纸 ■广播 ■广告 ■杂志 ■网络 ■亲戚朋友 ■其他

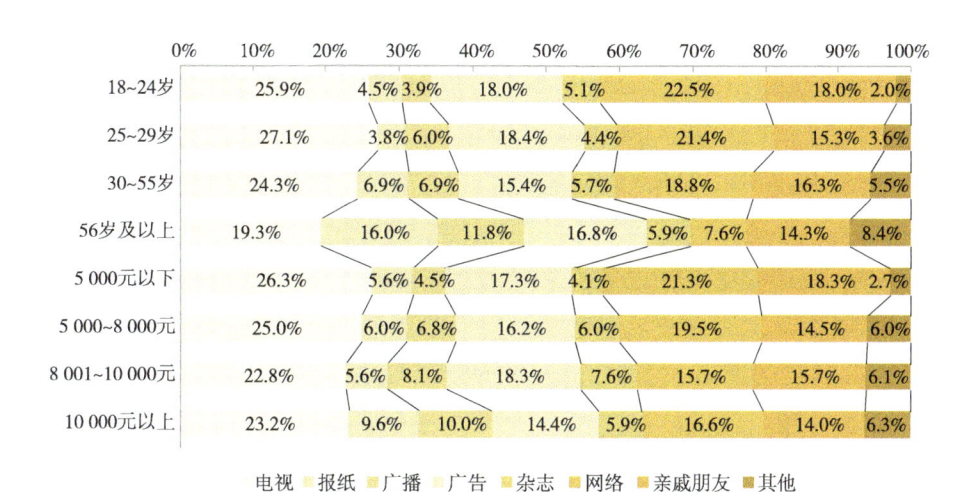

图2-11　不同年龄及收入的受访群体对老字号品牌的认知途径分析

此外，经由广播途径了解老字号的比例在各年龄段中都偏低，经由广告途径的占比则比较均等。可见，老字号在推广过程中，需要多注重对电视媒体和广告的投入，同时应依据消费者年龄段的不同而进行适当调整。

从教育程度、职业背景细分看，不同的受访群体对老字号的认知途径也基本相似（见图2-12）。其中，电视、网络、广告及亲戚朋友这四个途径排在前四位，其占比都在两位数以上，尤其以电视途径的比例为最高。同时，军人对电视和广告这两种途径尤为倚重，均达到30%以上的比例。

2.关于建构真实的问卷调查

在本次问卷调查中，以下关于老字号的购买倾向（行为意向）的问题与老字号的建构真实相关，消费者的购买决策也由其购买行为意向所驱动。这里的购买意向包括：未来非常有可能购买这一品牌、需要时会选择这一品牌、倾向于尝试购买该品牌、愿意购买该品牌等。

	0%	10%	20%	30%	40%	50%	60%	70%	80%	90%	100%
高中/中专/技校		25.1%		6.5%	7.0%	18.1%	5.6%	16.7%		14.9%	6.0%
本科		24.9%		6.5%	6.5%	16.7%	5.4%	19.1%		16.2%	4.6%
硕士研究生或更高		25.0%		6.0%	6.0%	16.3%	4.8%	21.0%		17.1%	3.6%
教师		25.3%		7.9%	6.7%	16.9%	6.2%	17.4%		14.6%	5.1%
学生		25.8%		4.6%	4.1%	17.5%	4.6%	22.8%		19.0%	1.8%
公务员		25.2%		6.6%	6.0%	18.5%	5.3%	21.2%		12.6%	4.6%
军人		30.8%			7.7%	7.7%	30.8%		0.0%	23.1%	0.0%
企业工作者		23.8%		7.5%	6.9%	17.5%	6.3%	17.7%		14.8%	5.5%
其他		25.1%		5.9%	8.3%	14.0%	4.4%	18.1%		18.3%	5.9%

■电视 ■报纸 ■广播 ■广告 ■杂志 ■网络 ■亲戚朋友 ■其他

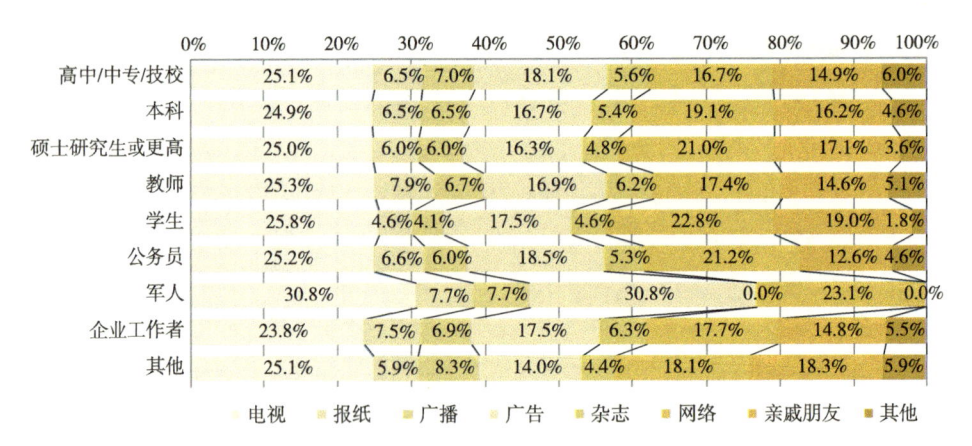

图2-12 不同教育程度及职业背景的受访群体对老字号品牌的认知途径分析

在本次问卷开发过程中，关于老字号建构真实的测度从以下几个问项展开：该老字号与某历史人物或事件相联系、具有悠久的历史、具有传统的制造技术或工艺、名副其实的老字号、关注社会公益等。

Q1：是否购买过老字号产品？

受访群体中，没有购买过老字号产品的人数比例仅占被调研总人数的一成左右。这说明老字号在建构真实方面已经有了较强的市场渗透力和号召力，其品牌真实性的内在统一性得到了很好的发挥，得到了消费者较为广泛的认同。

从细分角度来看，不同年龄及收入的受访群体对购买老字号产品的态度整体差别不大（见图2-13）。但值得关注的是，18~24岁之间、收入在5 000元以下的受访群体没有购买过老字号产品的比例最高，分别达到21.6%和16.0%。这表明，老字号品牌在低龄和低收入人群中的受众比相对偏低。

Q2：都是通过哪些途径购买"老字号"产品的？

从购买途径看，受访群体选择专营店的比例最高，达30.5%，其余比例较高的包括超市22.1%、商场17.6%、网络13.4%。其中，商场和网络渠道的占比相加与专营店的比例接近，专营店和超市的比例超过总体购买比例的一半（见图2-14）。调查显示，目前受访群体选择购买老字号产品的途径更趋多元，同时通过专营店购买的占比仍然很高。

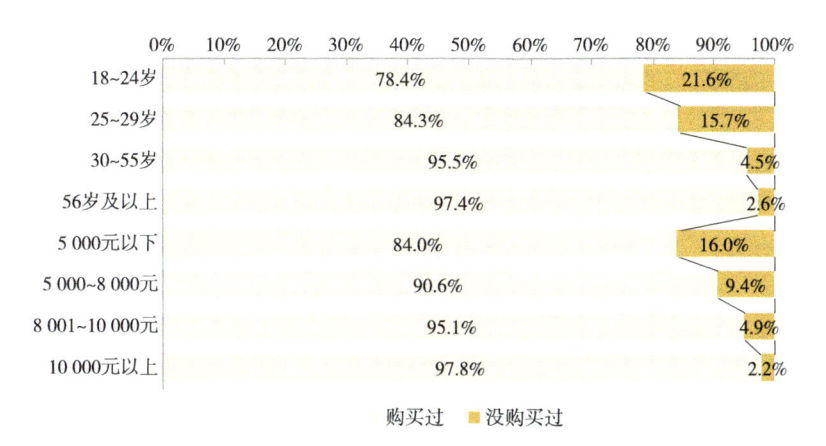

图2-13 不同年龄及收入的受访群体是否购买过老字号产品分析

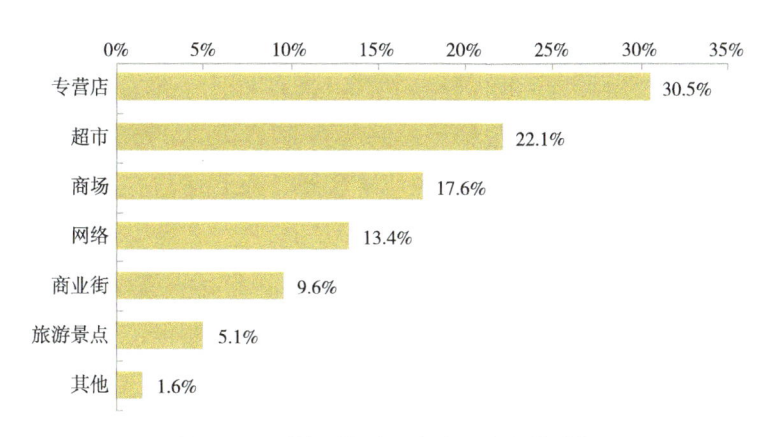

类别	购买过	没购买过
18~24岁	78.4%	21.6%
25~29岁	84.3%	15.7%
30~55岁	95.5%	4.5%
56岁及以上	97.4%	2.6%
5 000元以下	84.0%	16.0%
5 000~8 000元	90.6%	9.4%
8 001~10 000元	95.1%	4.9%
10 000元以上	97.8%	2.2%

图2-14 受访群体购买老字号产品的途径

途径	占比
专营店	30.5%
超市	22.1%
商场	17.6%
网络	13.4%
商业街	9.6%
旅游景点	5.1%
其他	1.6%

受访群体选择购买老字号品牌产品的途径与其年龄及收入呈正相关（见图2-15）。从年龄细分来看，选择在专营店购买的以30岁以上的受访群体占比最高，选择在超市和商场购买的以56岁及以上的受访群体占比最高，选择在网络上购买的以18~24岁的受访群体占比最高。从收入细分看，较高收入（此处指月收入10 000元以上）人群选择在专营店购买的占比最高；其他收入人群则视情况主要选择网络、商场和超市等方式购买。

95

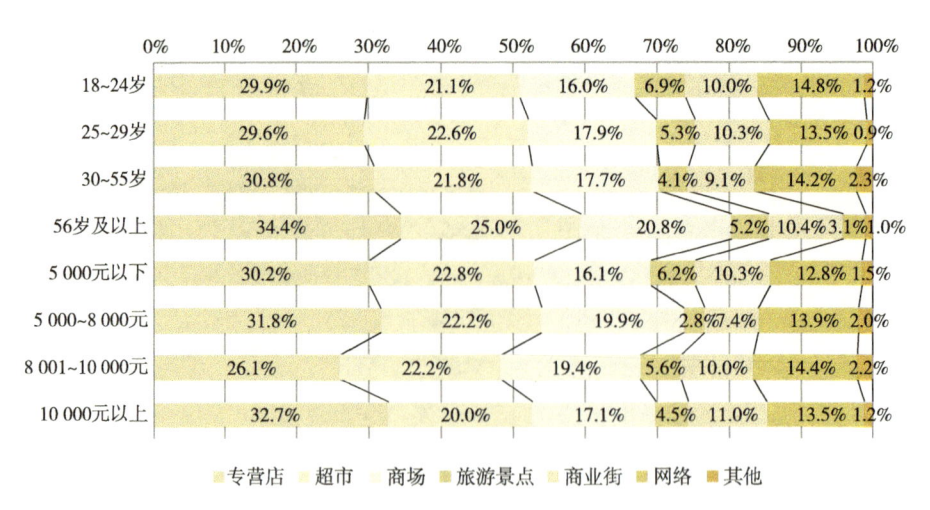

	专营店	超市	商场	旅游景点	商业街	网络	其他
18~24岁	29.9%	21.1%	16.0%	6.9%	10.0%	14.8%	1.2%
25~29岁	29.6%	22.6%	17.9%	5.3%	10.3%	13.5%	0.9%
30~55岁	30.8%	21.8%	17.7%	4.1%	9.1%	14.2%	2.3%
56岁及以上	34.4%	25.0%	20.8%	5.2%	10.4%	3.1%	1.0%
5 000元以下	30.2%	22.8%	16.1%	6.2%	10.3%	12.8%	1.5%
5 000~8 000元	31.8%	22.2%	19.9%	2.8%	7.4%	13.9%	2.0%
8 001~10 000元	26.1%	22.2%	19.4%	5.6%	10.0%	14.4%	2.2%
10 000元以上	32.7%	20.0%	17.1%	4.5%	11.0%	13.5%	1.2%

图2-15 不同年龄、收入的受访群体购买老字号产品的途径

Q3：如果购买过老字号产品，所购买的老字号产品名称分别是哪些？

调查显示，在受访群体购买过的老字号产品中，提及率最高的前六家老字号依次为稻香村、全聚德、同仁堂、王致和、狗不理、六必居，涵盖食品、药品、餐饮等与生活密切关联的业态及品类（见图2-16）。

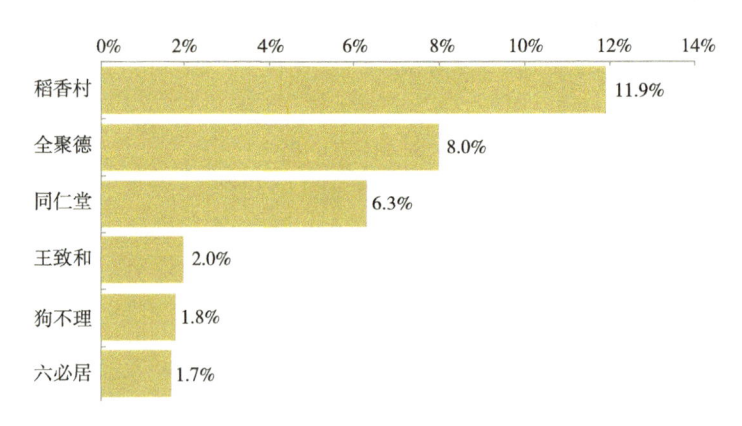

稻香村	11.9%
全聚德	8.0%
同仁堂	6.3%
王致和	2.0%
狗不理	1.8%
六必居	1.7%

图2-16 受访群体购买时提及率最高的前六家老字号产品统计

由图2-16可见，在与消费行为密切相关的老字号中，食品和药品老字号是与消费者关联最为密切的两大品类。

Q4：对老字号购物的满意度，请按照同意程度对下面这些说法打分（1~5分）。

在针对老字号购物满意度的评测中，受访群体评价最高的是"店铺能很明显地感觉到特色"，"产品设计能带给人文化体验""企业品牌理念具有文化特色""企业品牌形象具有特色文化体验"这三项紧随其后，得分也较高。可见，消费者对老字号品牌的消费场景要求较高，满意度也最高，品牌真实性中的建构真实通过店铺的设计或建筑特色得以体现，更进一步激发了品牌真实性的功能与作用。

从年龄细分看，18~24岁的受访者对老字号的"企业品牌形象具有特色文化体验"评价最高；25~55岁的受访者对老字号品牌的"店铺能很明显地感觉到特色"评价最高；56岁及以上受访者则对老字号品牌的"企业品牌理念具有文化特色"有较高评价。

从收入细分看，收入在8 000元以内的受访者对老字号的"店铺能很明显地感觉到特色"评价最高；更高收入的受访者则对老字号的"产品设计能带给人文化体验"、"店铺能很明显地感觉到特色"和"企业品牌理念具有文化特色"评价较高。

图2-17为不同年龄及收入的受访群体对老字号的购物满意度评测。

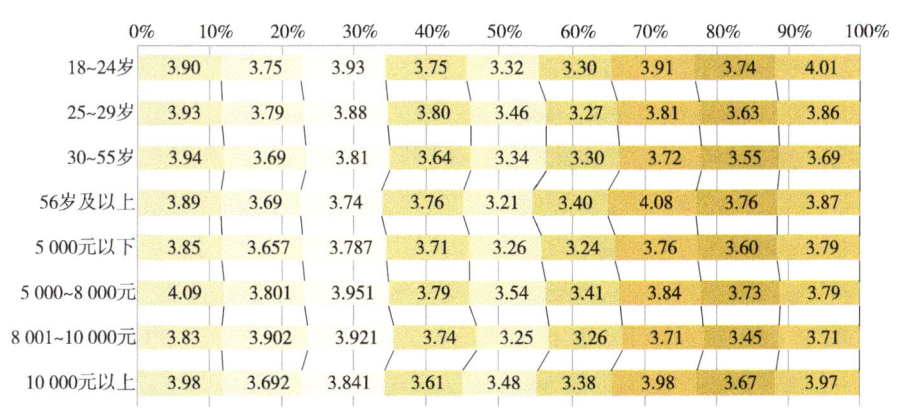

	店铺能很明显地感觉到特色	产品设计能带给人文化体验	是否运用大数据、社群等营销手段	企业品牌理念具有文化特色	企业品牌形象具有特色文化体验	店铺设计能带给人购物体验	商品陈列具有特色	是否定期举办不同主题的体验活动	企业服务注重给消费者带来愉悦体验
18~24岁	3.90	3.75	3.93	3.75	3.32	3.30	3.91	3.74	4.01
25~29岁	3.93	3.79	3.88	3.80	3.46	3.27	3.81	3.63	3.86
30~55岁	3.94	3.69	3.81	3.64	3.34	3.30	3.72	3.55	3.69
56岁及以上	3.89	3.69	3.74	3.76	3.21	3.40	4.08	3.76	3.87
5 000元以下	3.85	3.657	3.787	3.71	3.26	3.24	3.76	3.60	3.79
5 000~8 000元	4.09	3.801	3.951	3.79	3.54	3.41	3.84	3.73	3.79
8 001~10 000元	3.83	3.902	3.921	3.74	3.25	3.26	3.71	3.45	3.71
10 000元以上	3.98	3.692	3.841	3.61	3.48	3.38	3.98	3.67	3.97

图2-17　不同年龄及收入的受访群体对老字号的购物满意度评测

3. 关于自我真实的问卷调查

以下关于老字号特征认知（品牌认同）评测方面所提及的问题与老字号的自我真实相关。品牌认同是消费者对某一品牌在情感或心理上的依赖程度，包括个体认同和社会认同。如前所述，个体品牌认同是消费者所感知的品牌个性形象与其自我个性的一致性程度，而社会认同是品牌个性形象体现"社会地位、尊重和区分社会群体"的程度（Rio et al.，2001）。

在本次问卷中，对老字号自我真实性的测度，从该老字号的某些特征给人以良好感觉、消费该老字号使我有面子、该老字号在很大程度上有助于传播和保护传统文化、该老字号可以带给人以美好的记忆、该老字号具有相当的社交功能等方面展开。

Q1：对于下面所列出老字号的特征，请按照同意程度对其进行打分（1~5分）。

整体看，对老字号特征评测打分最高的是老字号的"悠久的历史"，接下来是"良好的口碑"、"良好的信誉"、"文化特色"和"知名度高"等（见图2-18）。由此可见，品牌真实性所表达出的厚重的人文内涵和良好的信誉是老字号品牌价值的精髓。此外，调查显示，人们对老字号"独特的经营方式"的认知较不敏感，对其缺乏必要的认可。

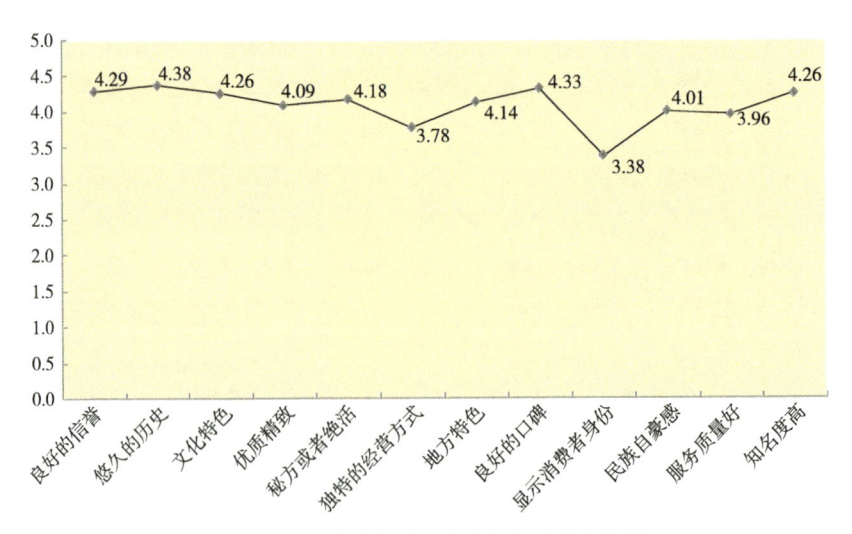

图2-18 受访群体对老字号特征的认知评测

从细分角度来看，不同年龄及收入的受访群体对老字号特征认知具有较大差异（见图2-19）。从年龄细分来看，18～24岁的群体更看重老字号的"良好的口碑"和"良好的信誉"，对"显示消费者身份"这一项的打分则偏低。由此可见，老字号需要打造更符合这一消费群体身份识别的品牌或产品。从收入细分来看，不同收入群体对老字号特征的认知更趋共性，如对老字号"悠久的历史"这一特征有非常集中的认同。值得关注的是，受访者普遍对"服务质量好"这一项给出了低分，这也从某种角度说明老字号的服务水平和质量需要有较大的提升。

	良好的信誉	悠久的历史	文化特色	地方特色	良好的口碑	显示消费者身份	优质精致	民族自豪感	秘方或者绝活	服务质量好	独特的经营方式	知名度高
18～24岁	4.28	4.32	4.18	4.03	4.30	3.83	4.08	4.35	3.42	4.09	4.05	4.27
25～29岁	4.24	4.28	4.24	4.01	4.15	3.70	4.11	4.24	3.27	3.82	3.84	4.14
30～55岁	4.28	4.40	4.25	4.09	4.11	3.76	4.14	4.31	3.33	3.99	3.91	4.26
56岁及以上	4.66	4.78	4.71	4.51	4.35	4.14	4.45	4.69	3.97	4.57	4.43	4.62
5 000元以下	4.22	4.34	4.22	4.00	4.14	3.75	4.10	4.30	3.29	4.05	3.98	4.27
5 000～8 000元	4.28	4.34	4.24	4.17	4.11	3.84	4.24	4.38	3.46	4.04	4.08	4.23
8 001～10 000元	4.38	4.38	4.23	4.13	4.26	3.83	4.06	4.28	3.40	3.92	3.80	4.33
10 000元以上	4.45	4.56	4.43	4.16	4.29	3.74	4.16	4.34	3.48	3.90	3.82	4.21

图2-19 不同年龄及收入的受访群体对老字号特征的认知评测

Q2：对于老字号企业现在面临的问题，请按照同意程度对这些说法打分（1~5分）。

针对老字号发展面临的问题的评测，"缺少国际市场"评测分最高，说明状况比较差的一面；"店面少且有地理局限性"也广受关注；对"管理模式、销售模式传统"这一项的评价也非常集中；"经营特色的流失"和"知识产权意识淡薄，缺乏对品牌的保护"同样也是受访者关注的焦点项（见图2-20）。

从年龄细分看，18~24岁受访群体比较关注"缺少国际市场"、"店面少且有地理局限性"和"管理模式、销售模式传统"等；25~29岁受访群体更多关注"知识产权意识淡薄，缺乏对品牌的保护"、"经营特色的流失"和"缺少国际市场"等；30~55岁受访群体更多关注"店面少且有地理局限性""经营特色的流失"等；56岁及以上群体则主要关注"知识产权意识淡薄，缺乏对品牌的保护"等。

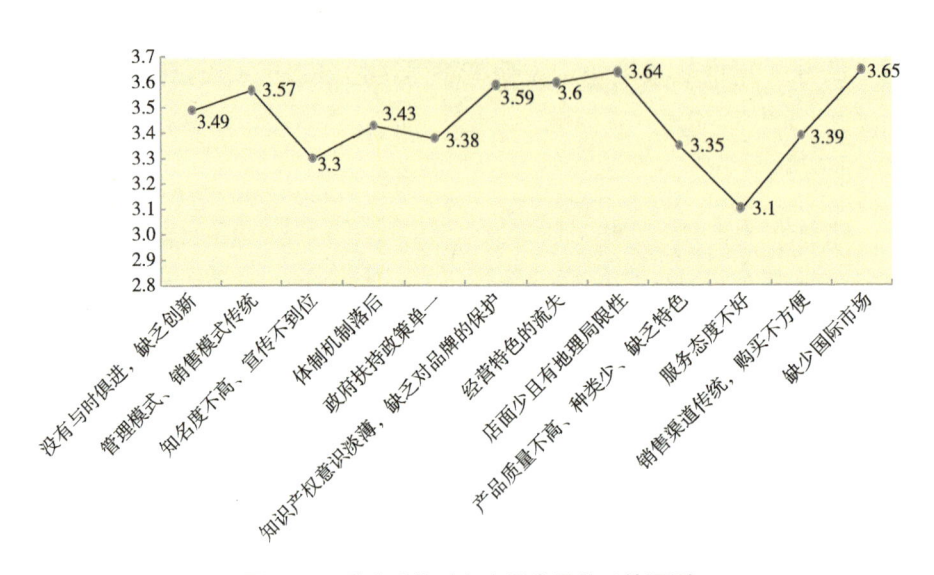

图2-20　受访群体对老字号发展状况的评测

从收入细分看，中低收入的受访群体对老字号发展状况评测差异较小，中高收入群体的关注点集中在"管理模式、销售模式传统"、"知识产权意识淡薄、缺乏对品牌的保护"和"店面少且有地理局限性"等方面。不同年龄及收入群体对老字号发展状况评测存在较大差异，所关注的打分项呈现多元化和较为分散的态势。

图2-21为不同年龄及收入的受访群体对老字号发展状况的评测。

Q3：如果要买一种商品，在价位相近的情况下，您更愿意选择哪一类型的产品消费？

整体来看，在价位相近的情况下，受访群体选择购买老字号产品的比例达到64.9%，与购买国际知名品牌产品所占比例相比，前者占据压倒性优势和有利的生态位（见图2-22）。调查数据说明，老字号仍具有巨大的市场空间和潜力。

18~24岁	3.35	3.55	3.19	3.22	3.26	3.35	3.46	3.63	3.30	2.95	3.44	3.75
25~29岁	3.51	3.48	3.30	3.43	3.26	3.65	3.65	3.58	3.46	3.17	3.37	3.62
30~55岁	3.52	3.62	3.39	3.55	3.52	3.64	3.67	3.72	3.38	3.22	3.47	3.62
56岁及以上	3.63	3.68	3.00	3.31	3.29	3.84	3.37	3.34	2.87	2.63	2.82	3.71
5 000元以下	3.39	3.47	3.20	3.29	3.34	3.47	3.60	3.28	2.89	3.31	3.59	
5 000~8 000元	3.53	3.50	3.27	3.37	3.35	3.56	3.59	3.54	3.29	3.13	3.31	3.55
8 001~10 000元	3.69	3.85	3.42	3.67	3.82	3.62	3.77	3.45	3.35	3.48	3.66	
10 000元以上	3.55	3.80	3.55	3.73	3.50	3.82	3.93	3.85	3.57	3.48	3.66	3.96

- 没有与时俱进，缺乏创新
- 体制机制落后
- 经营特色的流失
- 服务态度不好
- 管理模式、销售模式传统
- 政府扶持政策单一
- 店面少且有地理局限性
- 销售渠道传统，购买不方便
- 知名度不高、宣传不到位
- 知识产权意识淡薄，缺乏对品牌的保护
- 产品质量不高、种类少、缺乏特色
- 缺少国际市场

图2-21　不同年龄及收入的受访群体对老字号发展状况评测

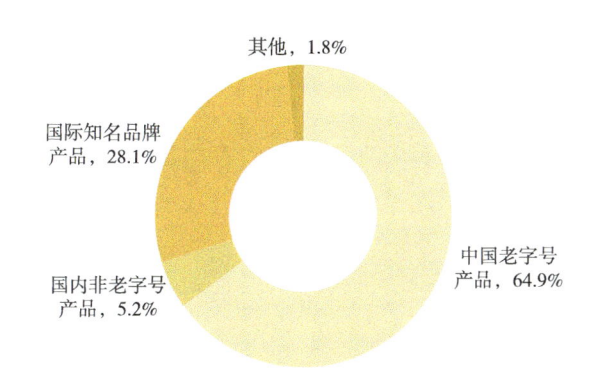

其他，1.8%
国际知名品牌产品，28.1%
国内非老字号产品，5.2%
中国老字号产品，64.9%

图2-22　受访群体对老字号市场化的认知

从细分角度来看，我国的老字号产品在30～55岁、收入在5 000～8 000元的受访群体中最具老字号消费力（见图2-23）。这说明，可以从年龄层次来区分老字号品牌的营销受众，继而反向推导产品的营销方式和市场切入点的选区与决策。

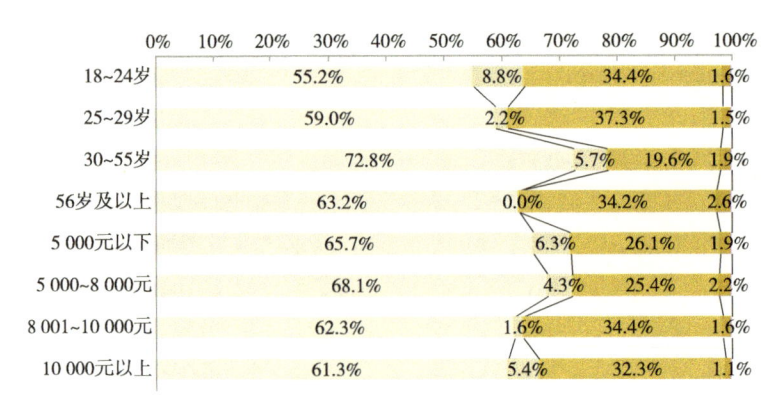

	中华老字号产品	国内非老字号产品	国际知名品牌产品	其他
18~24岁	55.2%	8.8%	34.4%	1.6%
25~29岁	59.0%	2.2%	37.3%	1.5%
30~55岁	72.8%	5.7%	19.6%	1.9%
56岁及以上	63.2%	0.0%	34.2%	2.6%
5 000元以下	65.7%	6.3%	26.1%	1.9%
5 000~8 000元	68.1%	4.3%	25.4%	2.2%
8 001~10 000元	62.3%	1.6%	34.4%	1.6%
10 000元以上	61.3%	5.4%	32.3%	1.1%

图2-23 不同年龄及收入的受访群体对老字号市场化认知

Q4：如何以"老字号"精神打造新时代中国的国际品牌？

整体来看，受访群体对以老字号精神打造新时代中国的国际品牌持正面态度。其中，认为能促进"创新技术，保证品质过硬，满足人们对美好生活的向往"的比例，与认为能促进"发挥品牌引领作用，推动供需结构升级，努力跻身全球价值产业链中高端"的比例，以及认为能促进"诚信为本，以产品为媒向世界传播中国重诚守信的优秀文化传统"的比例接近，均在25%上下。此外，认为能促进"拓展品牌和文化价值深入人心，加强宣传和创新营销模式"的比例为22.6%（见图2-24）。

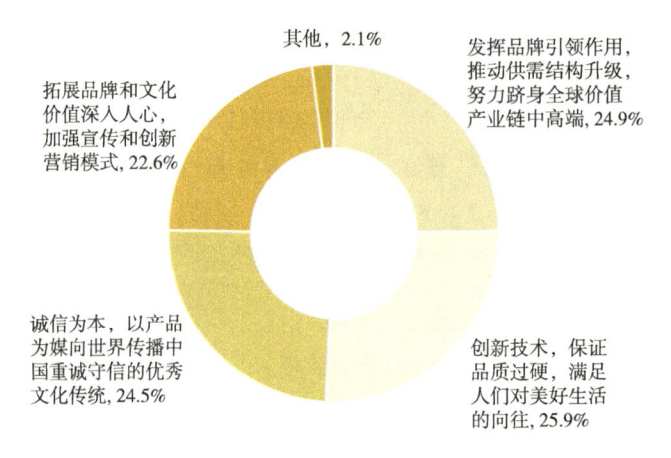

图2-24 受访群体对以"老字号"精神打造新时代中国的国际品牌的价值认知

从细分来看，不同年龄及收入的受访群体对以老字号精神打造新时代中国的国际品牌的认知总体趋同，其差异主要体现在不同细分群体对老字号精神价值的重要程度的认知（见图2-25）。其中，年龄在18~24岁，收入在5 000元以下的受访群体更认可"老字号"精神能促进"发挥品牌引领作用，推动供需结构升级，努力跻身全球价值产业链中高端"；年龄在56岁及以上，收入在10 000元以上的受访群体更认可"老字号"精神能促进"诚信为本，以产品为媒向世界传播中国重诚守信的优秀文化传统"。

	0%	10%	20%	30%	40%	50%	60%	70%	80%	90%	100%
18~24岁		26.90%			24.60%		24.60%		21.90%		2.00%
25~29岁		24.90%			26.50%		23.60%		23.10%		1.80%
30~55岁		24.50%			26.20%		24.50%		22.60%		2.20%
56岁及以上		21.70%			25.20%		28.70%		21.70%		2.60%
5 000元以下		25.70%			25.60%		24.80%		21.70%		2.20%
5 000~8 000元		24.60%			26.90%		24.80%		22.50%		1.30%
8 001~10 000元		24.20%			26.40%		22.50%		25.80%		1.10%
10 000元以上		23.80%			24.50%		25.70%		22.60%		3.40%

- 发挥品牌引领作用，推动供需结构升级，努力跻身全球价值产业链中高端
- 创新技术，保证品质过硬，能满足人们对美好生活的向往
- 诚信为本，以产品为媒向世界传播中国重诚守信的优秀文化传统
- 拓展品牌和文化价值深入人心，加强宣传和创新营销模式
- 其他

图2-25 不同年龄及收入的受访群体对以"老字号"精神打造新时代中国的国际品牌的价值认知

（三）老字号真实性调查问卷分析总结

对本次调查问卷进行分析和解读的结果表明，老字号在特定情境下形成的品牌特质，如正宗的原料、神秘的配方、商号始终不变、正宗的产地等不变或稳定的要素，使老字号实现了老字号品牌与原物的完全对等。这是老字号独特性和原创性的真实体现，其原真性维持了老字号正宗、经典的品牌形象，塑造了老字号的客观真实这一特性。

在建构真实这一特性方面，老字号秉承其一贯的高品质产品以及独特的外观和设计风格，延续了原有的外在特征和审美真实性，从而使消费者获得了基于品牌呈现方式之情感愉悦的品牌认同。由此可见，老字号如能在传承和创新之间保持某种平衡，就能完成适应时代需要的企业建构与市场建构。老字号只要在创新过程中保留其品牌精髓，确定品牌定位，在传承老字号的固有标准、传统技艺和产品特色的同时，开发新产品、新渠道、新服务项目，创新营销沟通策略以及同消费者的沟通模式，就可以突出其象征真实性，保持真实、正宗的老字号形象，从而形成其建构真实性。

调查问卷的结论表明，在老字号内在真实性要素中，消费者对"悠久历史"和"传统文化继承"等真实性要素的感知程度普遍较高，客观真实是老字号的"立老之本"和"优势之源"。老字号的真实性直接影响消费者的消费态度和购买意向，具体结论如下。

第一，在老字号的真实性中，客观真实和建构真实直接影响消费者的感知价值和购买意向。

第二，老字号真实性中的建构真实，会直接影响消费者的情感愉悦和品牌认同。

第三，老字号真实性中的客观真实，会直接影响消费者的消费态度与购买意向。

第四，品牌体验在客观真实与品牌权益之间起到了部分的中介作用。

综上，对于老字号而言，品牌真实性是市场消费的核心内容，真实性对消费者与品牌之间的互动与情感维系有着充分而重要的影响。品牌真实性关注的是品牌的非商业属性特质的传承与外在表现。因此，对于老字号这样有着深厚历史文化积淀的和特质延展性的品牌来说，需要深度挖掘其自身的真实性构成要素，从而在激烈的市场竞争中获取更大的竞争优势。

三、老字号真实性与老字号的传承

本次问卷调查和研究发现，老字号的真实性体现出多种类型，但不论是什么类型，真实性感知的形成都是指向老字号原物的。老字号的建构真实、客观真实和自我真实这三大要素及其与消费者态度和行为之间的关系充分表明，老字号企业当前发展中最紧迫的任务就是明确自身品牌的优势和不足，厘清文化脉络和发展渊源。换言之，老字号应当尽快明确什么该传承下来，什么该发扬和创新等重要问题，从而在面对变化的市场环境时锚定老字号未来发展的方向，科学制定长远发展的策略。

综上，本书认为，老字号企业品牌长效管理的抓手就在于传承客观真实要素，创新建构真实要素，并在传承和创新的同时激活自我真实要素。

（一）老字号真实性与老字号的传承重点

1.真实性语境下老字号需要传承的内容

基于前文对老字号真实性的阐释和对老字号真实性内涵结构的解读（见表2-2），继而通过对调查问卷的分析，可以总结出，老字号需要传承以下五个维度的内容，即"品""德""智""良""古"。其中："品"是对品位、品格、气度等内涵的概括，这也可以说明老字号的经营内涵及其格调的高雅和气度的不凡；"德"涵盖诚实守信、道德、公平和有责任心等内涵，反映出老字号创立的初心及其在经营过程中所承担的社会责任；"智"包含敦敏、务实、勤奋和匠心，这些内涵基本呈现出了老字号的品牌力和技术能力；"良"指的是健康、安全、纯正，在很大程度上描述了老字号品牌历久弥新、天然纯粹的本色；"古"则映射出老字号的历史和文化的延续，包括独特、古朴、正宗、悠久等内涵。

2.老字号应当不断传播和推广其客观真实性

老字号之所以能够"倚老卖老"，其底气来源于"原汁原味"的真实性要素。对于老字号而言，其核心定位应该是坚持老字号的客观真实要素，如传承神秘的配方、正宗的产地和原材料以及保持商号、牌匾、楹联、祖训不变等，这些都是对老字号之所以能称其为"老"

和"独特"本质的背书。

如前所述，客观真实要素是老字号的根和魂，它们不仅是老字号应传承的要素，而且会影响消费者的消费态度和行为。因此，老字号企业应明确并不断传播和推广其客观真实要素，明确老字号的定位之本。

3.老字号传承客观真实要素的路径

（1）明确老字号的客观真实要素。老字号实实在在的"老"最能激活消费者的想象空间，不变的牌匾和商号、神秘的配方、正宗的原料与产地等老字号的客观真实要素，能激发消费者关于老字号强烈的品牌联想，提升品牌形象和价值。可以说，老字号的客观真实要素是老字号之所以"老"的根本内涵，也是老字号的核心竞争优势，明确该优势是老字号企业竞争的基础。

以北京稻香村为例，其"真"来自产品的用料讲究，花样翻新。稻香村的食品讲究"四时三节"：端午节卖粽子，中秋节售月饼，春节供年糕，上元有元宵。其用料讲究正宗：核桃仁要用山西汾阳的，因为那里的桃仁色白肉厚，香味浓郁，嚼在嘴里香甜；玫瑰花要用京西妙峰山的，因为那里的玫瑰花瓣大而厚，气味芬芳，并且必须是在一早太阳还没出来时带着露水采摘下来的；龙眼要用福建莆田的；火腿要用浙江金华的；等等。

北京的许多老字号源自京城，其一些产品和技术出自宫廷。因此，不少北京的老字号不但有与众不同的产品，有的还是国内"最高规格"和"最具特色"的产品。例如，月盛斋的酱肉之所以颇具特色，很重要的一点是其加工技艺是在综合吸收了清朝皇宫御膳房酱肉技术和民间传统技艺的基础上形成的。

当然，在传承特色的同时，还要不断进行产品创新、服务创新和营销创新，以扩大品牌的差异性，提升品牌竞争力。例如，便宜坊的经营理念是"方便宜人，超物所值"。这一独特的经营理念充分体现了中国传统儒家文化与诚信商业文化的有机结合，这些都应该进一步坚持和传承下去。与此同时，近年来便宜坊通过不断创新，使其品牌竞争力不断增强。

综上，老字号企业在长期的品牌管理过程中，应当先明确其原真性要素。只有真正了解自己的过去，了解所具有的优势，才能走向更长远未来。

表2-3为北京部分中华老字号概况。

表2-3　北京部分中华老字号概况

品牌名称	创立年份	起营业务	现营业务
东来顺	1903	粥	清真餐饮和食品
同仁堂	1669	中成药	中成药及其进出口等
瑞蚨祥	1893	绸布	绸缎、民族服饰、皮货等
全聚德	1864	烤鸭	以烤鸭为主的餐饮
都一处	1738	酒铺	烧卖及各类餐饮服务
稻香村	1895	食品	糕点、熟食、速冻等各种食品
六必居	1530	酒铺	酱菜
天福号	1738	酱肘子	各种肉制品
内联升	1853	布鞋	各种鞋类
王致和	1669	臭豆腐	腐乳、调味食品等
吴裕泰	1887	茶叶	茶及茶的衍生品
张一元	1900	茶叶	茶叶饮料

（2）传播和推广老字号的客观真实要素。老字号的长寿性、真实性、象征性能够激发怀旧情感、形成社群，并满足人的"炫耀"心理，满足消费者的心理利益需求，因此老字号在挖掘客观真实性要素的同时，还应通过广告、公关、口碑、事件以及新兴的社会化媒体（如社交媒体）加大品牌传播的力度。

由于种种原因，目前不少老字号在建立品牌与消费者沟通渠道等方面的手法还较为单一，在品牌传播中难以形成与消费者的有效互动，即使有新品推出，也多依靠门店和老客户的口口相传，或利用节庆之机进行集中推广，受众面十分有限。老字号要想打开局面，就需要借助新的传播和推广手段。

事实证明,新媒体的不断涌现对老字号客观真实要素的传播起到了积极的推动作用。通过微博、微信、抖音、小火山视频、哔哩哔哩等视频网站和社交媒体对老字号进行整合传播,让老字号"触网(网络)"、"触电(电商)"已成大势所趋。例如,老字号内联升自建了以"尚履商城"命名的国内布鞋行业首个企业对个人(B2C)的网络购物平台,上线三个月即收获30万元的销售额。同时,内联升还以全网渠道覆盖的方式加速电商平台布局,除了入驻天猫旗舰店外,还相继登陆京东、亚马逊、寺库等主流电商平台。此外,内联升还通过在三里屯开启"潮靴快闪店"项目,使其品牌形象得到了有效而快速的传播。

(二)老字号真实性与老字号传承中的创新举措

创新建构真实性的关键问题,在于如何在老字号的原真要素与变化的市场需求之间建立起辩证统一的关系。对这个问题的解决,需要通过产品创新、机制创新和与消费群体沟通模式的创新来进行,从而使老字号的创新适应变化的市场需求,让市场需求与老字号真实性的表达产生良性互动,并使这种良好的关系不断优化和升级。

1.老字号需要创新建构真实要素

如前所述,老字号传承的"品""德""智""良""古"都显现出一脉相承的深厚底蕴和浓烈的文化气息。这种文化本来是老字号真实性的"源代码",但在逐步的商业化中其不可避免地被融入了人的社会建构,即人们根据各自的信仰、观念、权威等对老字号的真实与否进行建构,甚至这种建构已经随着社会和市场的发展而逐渐成为人们眼中真正的真实。

例如,清代以来北京涌现出的一批耳熟能详的老字号,现在的消费者已经完全将其当作是当时时尚生活的真实写照,恰如几句顺口溜所言:"头戴马聚源、脚踩内联升、身穿八大祥、腰缠四大恒。"可见,老字号所传承的文化能够和消费者的思维方式产生共振,从而激发市场认同的力量。因此,老字号在继承传统文化的同时,还应弘扬和创新自身独特的文化，在继承中不断发扬，在发扬中持续创新。

（1）老字号文化内涵和历史积淀需要加以明确。从历史的角度观察，几乎每个老字号的背后都有一段荡气回肠的品牌发展史。历经岁月涤荡，老字号的发展与创新始终离不开其清晰、明确、独特而极富魅力的品牌文化和客观真实性。为此，今天的老字号需要进一步明确认识和总结自己的历史和显著特征，梳理并确认老字号的文化脉络和传承发展的源泉。以戴月轩湖笔为例，这是中国毛笔家族中的一朵奇葩，传承了悠久的笔文化。戴月轩湖笔的制作技艺代表了我国湖笔制作的最高水准，是京城江南派制笔业的代表，其纯手工制作工艺由历代笔工口传心授、代代相传。戴月轩湖笔制作技艺是北京市市级非遗。齐白石就十分喜爱戴月轩的毛笔。可见，戴月轩湖笔代代传承，在消费者心目中的认同度和社会文化价值都比较高。

再以鹤年堂为例，其店名取自《淮南子》中"鹤寿千年，以极其游"的句子。京城自古流传"丸散膏丹同仁堂，汤剂饮片鹤年堂"之说，民国年间也有"虽近西药林立，同仁、鹤年二家家族，于平市四城设分肆无数，而购膏药不约而同趋前门桥及菜市口两处"的文字记载。鹤年堂的饮片在中药界享有盛誉，"半夏不见边，木通飞上天，陈皮一条线，枳壳赛纽襻"就是鹤年堂在加工饮片过程中精湛刀工的真实写照。鹤年堂的品牌文化根植于其深厚的历史文化，而这离不开鹤年堂对自身历史文化的不懈梳理和沉淀，以及不断将其确认和固化，从而使之成为推动自身品牌发展的不竭动力。

（2）注重老字号传统文化的创新。市场变化日新月异，一方面，如果老字号过于依赖传统技艺，缺乏创新，则其产品很难适应现代市场的变化和要求，也不会仅仅因为消费市场的扩大而给自身带来更多的创新动力。另一方面，如果老字号墨守成规，则其传统工艺和技术在某种程度上将从优势变成羁绊和不足。

老字号真实性要素的重新建构要求老字号紧紧围绕客观真实，充分发挥企业的主观能动性和创造性，使老字号不断取得市场的认同。

以红都制衣为例，在多年的发展历程中，红都始终坚持"个性化服务，量体制装"的经营特色，提出"红都产品因您而不同，您因红都产品而出众"的经营理念。在制作过程中，红都制衣精心根据消费者的体型等特征进行制装服务，从而赢得了市场的广泛好评。

老字号企业除了进行观念创新外，还要在传统工艺和技术中进行创新，通过现代的工艺和技术永葆老字号的传统优势。在北京的中华老字号中，有一家始建于1903年、享有盛誉的餐饮历史文化名店——东来顺。在继承发扬中华传统饮食文化精华的基础上，东来顺不断创新，开发出"涮、炒、爆、烤"四大系列多个品种的美味佳肴，尤其是以"一菜成席"而驰名中外的东来顺涮羊肉，更是令美食、美味、美器、美好的服务浑然一体，集中展现了中华美食文化之"盛情、典雅、精美、奇异、华贵"的独特风味和民族风情，从而给所有到过东来顺的宾客都留下了难以忘怀的美好记忆。在东来顺，有着"中华传统技能技艺大师"称号的陈立新师傅致力于传承传统技艺，他切出的肉片以"薄、匀、齐、美"著称，半公斤羊肉可切28厘米长、8厘米宽的肉片80～100片，每片仅重4.5克，且片片对折，纹理清晰，所谓"薄如纸、匀如晶、齐如线、美如花"，真是独具特色，堪称一绝。就这样，在竞争异常激烈的北京餐饮市场中，东来顺秉承老字号的原真要素，不断创新，取得了良好的市场业绩和口碑。

2. 老字号创新建构真实要素的策略

在当前的市场竞争环境下，一成不变的观念已无法适应变化的市场竞争，老字号企业应顺势而为，进一步解放思想，与时俱进，创新经营意识与观念。在技术、营销、管理等方式上的持续创新是老字号品牌传承以及整体创新的支撑。本书认为，创新建构真实要素需要围绕以下几点策略展开。

（1）寻求品牌与历史人物或时间之间的关联。老字号见证和历经了时代变迁，蕴含着丰富的人文和历史文化，且大多与著名历史人物、事件以及奇闻趣事相关联，这不仅是老字号独特的文化遗产，也是引发消费者美好联想、刺激消费者购买意向的品牌线索。贝弗兰（Beverland，2008）建议，把"将品牌同过去联系起来"这一印象层面的要素设计成符号性线索。对老字号而言，该要素绝非空穴来风，而是基于老字号客观真实要素基础上的挖掘和传播。

以荣宝斋为例，其秉承"以文会友、荣名为宝"的理念，竭诚为书画家服务，为顾客服务，童叟无欺，以诚信为本，货真价实。朱德、周恩来、宋庆龄、彭德怀等老一代领导同志及社会各界知名人士均曾光临荣宝斋并题词，对这家老店光大民族文化的事业给予了具体的指导和巨大的帮助。老一辈革命家郑必坚曾题赞荣宝斋为"文化功臣"，鲁迅、郑振铎、齐白石、徐悲鸿等名家大师与荣宝斋也曾结下深厚的友情。以上这些与著名历史人物或重要时间节点产生关联的故事，都可以成为老字号传承和宣传的亮点，也可以成为老字号在市场上的卖点。

再以老字号王致和为例，其创始的故事情节颇具戏剧性和偶然性，如今听起来也令人啧啧称奇。王致和在清康熙八年（1669）进京赶考，住在北京的安徽会馆。备考期间，他以制作和贩卖豆腐为生。那一天，时值夏季，见豆腐没有卖完，于是王致和想起老家制作腐乳的方法，将豆腐切成小块放在坛子中，加上盐、花椒等封存起来。数月后，王致和突然想起封存的豆腐块，马上打开察看，一股臭气扑鼻而来。但是，当他试着尝了尝后，发现口感细腻，鲜香爽口，遂赠与邻里品尝，人们尝后无不称奇，由此诞生了王致和臭豆腐。王致和发明臭豆腐之后，生意日渐红火，于是他干脆弃学经商，做起了臭豆腐生意。康熙十七年（1678），"王致和南酱园"正式开业，地点在前门外的延寿寺街路西。

后来，随着王致和臭豆腐誉满京城并传到宫中，慈禧太后赐其名为"青方"，从此王致和臭豆腐更是身价倍增。1859年，状元孙家和为延寿寺街上的王致和店铺题写了四句藏头诗："致君美味传千里，和我天机养寸心。酱配龙磻调芍药，园开鸡跖钟芙蓉。"在品牌传播中，王致和独占"名人、名诗、名店、名食"四绝，一时名噪京城，传为佳话。

近年来，为了使老字号文化与消费者形成更密切的沟通和关联，一些老字号依托厂址或经营场所，开辟出旅游参观之处或建立品牌展览馆。以国家AAA级旅游景区"北京二锅头酒博物馆"为例，游客在参观游览的同时，可以参与博物馆中精心设置的互动活动，还可以品尝到不同年份的成品白酒，并由专人介绍鉴赏白酒的知识，现场当一回"品酒师"。此外，为劝导人们健康饮酒，北京二锅头博物馆还特别安排了场景互动环节，建起了过量饮酒体验房——"酒乡幻境"。

总之，老字号企业建立博物馆，通过现代媒体或传播技术，以实物、文字、图片、影像等展示老字号品牌的发展史，这种传播方式不仅仅是为了留住老品牌的记忆，更是通过生动的展示，帮助消费者形成直观的体验，与消费者产生品牌互动。

（2）创新传统的工艺或技术。传统工艺代代相传是老字号鲜明的特征，但在快速发展的现代制作和工艺技术的冲击下，部分老字号曾经独特的制作工艺开始显得有些陈旧落后了。面对这种困境，老字号应做好两手准备。首先，加大对手工工艺和技术的扶持与投入，用政策、待遇和情感留人，加大手工工艺的传播力度，防止工艺和技术的失传。其次，加大工艺和技术的自动化、机械化以及信息化改造，通过现代科技手段，提高产品质量和生产效率，从而不断满足消费者及市场变化了的需求。

以牛栏山二锅头为例，其酿酒技艺历史悠久，历经数代酿酒大师、酿酒工人的摸索总结，牛栏山的酿酒工艺在老的"五甑发酵法"、"混蒸混烧"和"看花接酒"等技艺的基础上，形成了"掐头、去尾、取中段"等特色工艺，通过师承关系数代相传并适应不同需要加以调整改变，从而得以传承至今。丰富的酿酒经验和传统、独特的手工酿酒技艺，使得牛栏山二锅头酒具有"酒体协调、清雅柔和，甘冽爽口、风味纯正"的独特韵味，从而饮誉海内外，畅销全球。

再以内联升为例，它称得上是行业创新的先行者，先后对工艺标准、图纸、楦型等进行了更新及调整，在技术层面不断创新。在原料创新方面，内联升改变了以旧布为原料的传统做法，采用定织纯棉白布，开了制鞋用料的先河。在产品创新方面，内联升紧跟时尚，采用出精品、出新品的策略，改变"黑老虎"一统天下的产品格局，满足了从婴幼儿到老年人各年龄段消费人群的不同需求，彰显了布鞋"舒适柔软、养脚透气"的特点,并通过产品设计的升级换代,成功吸引了年轻消费群体。在工艺方面,内联升采用新布挂浆的方法替代打袼褙,自主研发合布机,在行业内首次采用袼褙制作新工艺,还将手工制作与机器制作进行了技术结合和革新,从而走出一条传统与时尚并进,标准化、时尚化、规范化的创新之路。

（3）积极组织和参与老字号的认证。符合中华老字号及各地方老字号评定标准的企业,应积极参与相关老字号的认定工作。老字号有着悠久的历史、独特的品牌故事和代代相传的传统技艺,如能获得中华老字号和地方老字号等基于老字号原物基础上的权威认证（即建构真实要素）,将给消费者留下更深、更好的印象。以北京为例,2006年,商务部认定了吴裕泰等北京地区的中华老字号67家,2011年认定了鹤年堂等北京地区的中华老字号50家,2023年认定了北京吉庆堂等北京地区的中华老字号22家。老字号殊荣的获得不仅能够体现出品牌拥有的独特工艺、产品、服务以及鲜明的文化特征和历史痕迹,而且能传递出品牌良好的商业信誉和社会公众对其的广泛认可。因此,在同类产品的竞争中,老字号具有绝对的权威性和品牌号召力。

（4）公益为媒,让品牌走近民众。囿于财力不足,许多老字号的品牌宣传和推广相对乏力。对此,老字号应紧紧围绕其传统文化特色,关注公益,淡化其经营中的商业色彩。老字号的共同特点之一就在于其独具一格的传统文化特色,它们大多秉承了儒家文化中的"义利观",主张"见利思义""见财思义"的商业理念和道德准则,"货真价实""童叟无欺"几乎是每家老字号的经营理念,例如,吴裕泰"制之唯恐不精,采之唯恐不尽"的质量信条,天福号"诚信协和,有德乃昌"的经营理念,等等。诸如此类基于社会公益的经营理念和信条,不仅是老字号优秀传统的体现,而且是现代市场中老字号企业营销和传播的技巧和突破口。不同于商业广告生硬的内容输出,老字号的公益形象更利于赢得消费者的心。只要一直这样,润物无声、坚持不懈地开展公益活动,老字号一定能在传承自身文化的同时,实现企业品牌价值以及整体形象的提升。

3. 老字号需要激活自我真实要素

老字号在创新过程中应激活自我真实要素，通过怀旧场景的应用、拓展品牌社群、强化消费者对老字号的品牌联想等方式，激发消费者的自我真实情感，从而使老字号的真实性与消费者产生强关联。

（1）挖掘和传播老字号个人怀旧元素。本次问卷调查结果表明，中老年消费者对老字号真实性要素的认可和接受度更高。因此，通过挖掘怀旧元素，设置怀旧品牌互动场景，并加之以现代品牌传播手段，就能够唤起和强化消费者对老字号的怀旧情结。以一得阁为例，其始建于清同治四年（1865），由一位安徽进京赶考的文人谢崧岱创办。一得阁墨汁选材考究，配方独特，采用传统工艺精制而成，其制作技艺还是北京市非遗。我国著名工艺美术家陈叔亮先生这样称赞一得阁："墨汁色泽纯美、胶度适中、挥洒流畅，墨中之宝也。"著名画家李苦禅先生在试用一得阁墨汁时赞誉道："一得阁墨汁浓度适合，墨度以足，不滞不漆，用于书画咸宜，可比美昔年之松烟也。"著名书法家启功先生对一得阁墨汁也极为推崇，并亲笔为一得阁留下墨宝一幅，上书："砚池旋转万千磨，终朝碗里费几多。墨汁制从一得阁，书林谁不颂先河。"可见，一得阁的社会文化积淀深厚，与许多历史名人都有着很深的渊源，完全可以"借题发挥"，从而充分传播一得阁的"墨文化"。

研究表明，具有明显怀旧倾向的消费者对老字号有着更高的积极心理响应级别。对此，老字号企业应从个人、家庭、产品式样、制作工艺等方面，充分挖掘和传播老字号的真实性要素。老字号历经岁月洗礼和市场磨砺，之所以仍能获得广泛认可，离不开老字号创始人的传奇经历、老字号令人难忘的历史事件以及老字号自身价值观、经营理念的传承等真实性要素对老字号品牌形象的塑造。这些要素在塑造独具特色的老字号品牌形象的同时，也凸显了老字号足以让人产生怀旧心理的品牌个性。

老字号在进行怀旧营销时，可以在商号、包装、产品系列、店面布置风格与陈列主题等方面融入怀旧元素，使之以视觉化的形式呈现出来。例如，北京稻香村采用传统图案和制式的糕点包装盒来包装点心，以此激发和唤醒消费者对传统糕点的那份情感牵系。在怀旧元素的传播中，老字号企业可以制作以怀旧为主题的品牌叙事，设计怀旧的场景，以此唤醒消费者的怀旧情感。例如，百年老字号谦祥益是京城"八大祥"之一，久负盛名。谦祥益的常客中有叶盛章、余叔岩、萧长华、马连良等京剧大师。享誉京城的著名京剧科班富连成也与谦祥益建立了密切的合作关系，富连成的演出服大多由谦祥益独家定制。如今，谦祥益的店面仍然保持着传统的建筑风貌，成为北京特色商业的地标之一，其经营的绫、罗、绸、缎、纱、绢等产品也成为弘扬丝绸文化，展示丝绸精粹的一个窗口。

（2）构建诉求关系元素组合，强化个人社会归属与身份认同。在以关系导向型为重要文化特点的中国社会中，老字号要想强化消费者个体的社会归属感，就要着力挖掘老字号的诉求关系元素，利用家庭、代际以及社群等既定关系，强化消费者对老字号的习惯性使用，通过情感的牵系，让消费者逐渐产生品牌归属，从而成为老字号的拥趸。以美发美容界的老字号北京四联为例，其成立于1956年，消费群体多为中老年人，"四联人"代代相传的"宁可把客人等走了，也不能把客人做跑了"的理念是北京四联长盛不衰的秘诀。

当前，社群营销已在市场营销中大行其道。对此，老字号应借鉴现有品牌社群的成功经验，通过社群传递、引导老字号传统，并以自身独特的品牌理念和价值，加强消费者对老字号的归属感以及消费者之间的相互认同。

当前，已有诸多老字号加入了微商，利用微信、微博、抖音、小火山视频等移动互联新媒体互动平台吸引粉丝，培育消费者社群。应当说，自媒体时代的老字号，同样需要在品牌社群等方面进行大胆尝试和创新。

2018年9月19—21日，以商品品质和用户体验为核心的京东网络商城，联合北京稻香村、回力、马应龙、张小泉、同仁堂等百家老字号品牌，推出"老字号不老节"（见图2-26），推出近百种老字号"爆款单品",并辅之以大力优惠,从而开启了老字号产品主动进入年轻消费群体视野的步伐。

图 2-26 京东"老字号不老节"海报

2009年1月,京东宣布成立"中华老字号无界零售联盟",联合100多家老字号企业,共同打造无界零售品牌集群。阿里巴巴则宣布"天字号"升级计划,助力老字号产品通过天猫商城"出海",帮助老字号和国货大牌进入全球市场。

2019年1月28日至2月10日(即从农历小年开始到正月初六为止),在商务部、文化和旅游部、山东省政府等的支持下,由故宫博物院和山东省商务厅共同主办、故宫食品和山东省老字号企业协会承办的"中华老字号故宫过大年展"(见图2-27)在故宫慈宁宫花园、慈宁门外广场和隆宗门外广场等三个区域举办。这项活动吸引了来自山东、北京、天津、山西、吉林、上海、江苏、浙江、安徽、河南等10个省市的150家老字号及非遗企业。活动期间,各企业在现场各显神通,全方位展示了带有各地浓郁特色的老字号产品及非遗技艺,让来到故宫的游客在紫禁城贺岁迎祥过大年的过程中充分领略了老字号和非遗文化的独特魅力,为节日的首都增添了不同凡响的喜庆氛围。

图 2-27 "中华老字号故宫过大年展"海报

此项活动开幕之后，与之相关的新闻报道纷至沓来。中央电视台、各地方电视台、各省市日报/晚报和国家级重点新闻网站、省市重点新闻网站、门户网站等媒体，以及与活动相关的商协会、企业等，充分利用各自宣传渠道，包括传统媒体渠道（如业务往来媒体、企业官网）和新媒体渠道（如企业微信、微博、微视频等自媒体平台），在活动的不同阶段进行了持续跟进和宣传推广，从而形成了本次活动的全媒体、全渠道、多方位的宣传报道。

据不完全统计，以"老字号故宫过大年"为关键词，百度搜索结果超过132万条。通过政府有关部门、故宫博物院、媒体以及相关商会、协会、企业等多个层面，共同推进了"中华老字号故宫过大年展"活动的充分宣传，造就了空前浩大的宣传声势，有力、有效地宣传了老字号企业和品牌，促成了民族品牌的一次广泛推广。

第三章 老字号创新与发展研究

一、老字号创新发展的现状

创新已成为企业可持续发展的生命线。近年来,我国不断加强老字号的传承与创新发展。以北京为例,其作为我国首都,依托丰富的文化科技资源,在产品、技术、管理、经营等方面不断实施新举措、探索新模式,促使老字号迸发出新的发展活力,成为北京历史文化的"活化石"和国际交往的"新名片"。

老字号创新发展的现状和特点具体如下。

(一)整体创新发展势头强劲,老字号竞争力不断增强

随着消费升级和互联网产业的快速发展,传统消费业态受到了较大冲击。对此,一些老字号企业审时度势,紧抓消费新需求和新特点,在继承和夯实老字号优良传统文化的同时加强创新,开拓了老字号发展的新局面。

1. 老字号创新实力不断增强

虽然总会有老字号在时代的潮流中退出,但是在创新引领的带动下,也有许多老字号企业脱颖而出,老字号的总体规模也在不断壮大之中。老字号依托丰富的科技文化资源以及广阔的消费市场,其整体创新实力较强。近年来,老字号中的高新技术企业数量不断增长,多家老字号企业已被认定为国家高新技术企业,新技术、新产品不断涌现,行业创新引领作用不断增强。表3-1为2018年中华老字号创新力指数排名前10的企业,表3-2为北京地区老字号中的国家级高新技术企业名录。

表3-1　2018年中华老字号创新力指数排名前10企业

序号	老字号	创新力指数	所在地
1	云南白药	100.0	云南
2	美加净	97.1	上海
3	贵州茅台	92.2	贵州
4	恒源祥	88.5	上海
5	同仁堂	83.4	北京
6	五芳斋	73.5	浙江
7	五粮液	65.7	四川
8	新华书店	64.7	北京
9	光明	64.3	上海
10	回力	60.0	上海

数据来源：阿里研究院《中华老字号品牌发展指数》。

表3-2　北京老字号国家级高新技术企业名录

序号	老字号名称	注册商标
1	北京红螺食品有限公司	红螺
2	北京红螺食品有限公司	聚顺和
3	北京百花蜂业科技发展股份公司	百花
4	中国北京同仁堂（集团）有限责任公司	同仁堂
5	北京义利食品公司	义利
6	北京市北冰洋食品公司	北冰洋
7	北京古船食品有限公司	古船
8	北京红星股份有限公司	红星

数据来源：北京市科学技术委员会网站。

2.重点行业领域创新发展活跃

许多老字号紧跟当前消费品质升级的趋势，积极创新产品和技术。其中，以医药、酒类、食品加工等行业为代表的老字号创新成效较为显著。

从医药行业的创新发展来看，不少老字号正积极向大健康产业渗透，以保健食品、家清洗护、美容护肤、饮品冲剂等为创新方向不断开发新产品、拓展新业务。例如，近20多年来北京同仁堂已开发了保健食品92个、化妆品123个，同仁本草、伊妆、丽颜坊、派朗、佳宝乐等化妆品牌已经形成了较强的市场影响力。

从酒类行业创新发展来看，保健食品酒是老字号创新的重要方向，2018年全国保健食品酒成交额同比增长了近10个百分点[①]，远超其他品类。此外，包装设计、生产工艺等也是北京酒类老字号创新的重点，如北京隆兴号方庄酒厂研发的隆兴号橡木酒，在国内白酒行业乃属首创。图3-1为2017—2018年我国排名前五的酒类老字号成交金额占比变化。

图3-1　排名前五的酒类老字号成交金额占比变化

数据来源：阿里研究院《中华老字号品牌发展指数》。

从食品和日用文体行业来看，基于更为激烈的市场竞争环境，这些老字号企业聚焦年轻消费者群体需求，不断加强产品和营销模式创新，也取得了显著的成效。

与上述行业相比，北京服装鞋帽、茶叶等行业老字号创新力相对较弱。面对新兴国产品牌以及国外品牌的冲击，其在创新发展中的竞争压力也较大。

---

① 数据来源：阿里研究院《中华老字号品牌发展指数》（2018）。

（二）新产品、新模式不断涌现，老字号发展品质加快提升

顺应当前消费需求的新变化，一些老字号企业大胆探索，在提升和继承发扬优良传统文化的同时，不断对发展理念、发展战略进行创新调整，加强新技术应用。由此，一些新产品、新模式不断出现，进一步丰富了老字号的品牌内涵，提升了服务品质。

1.发展理念和战略加快创新

不论是对一般的企业还是对老字号企业而言，企业家（企业掌门人）的创新意识都至关重要，这甚至是决定该企业发展战略方向的因素。近年来，许多老字号的掌门人和高级管理者越来越意识到发展战略的重要性，一些老字号紧抓时机，加快思维转变，实施新理念，开展前瞻性谋划布局，带领老字号发展迈向新阶段。例如，六必居不断适应时代要求，提出了"新六必精神"，对原有发展理念进行拓展、升级；全聚德结合餐饮发展新趋势，实施了"正餐精品战略、快餐战略、食品加工业战略"，对其发展也起到了积极的促进作用。

总体来看，在新的经营理念和创新战略的实施下，老字号业务领域得到很大拓展，加快向集团化、国际化迈进，显著提升了老字号品牌的内涵和影响力。

2.产品技术创新能力不断提升

对于老字号来说，产品、工艺是其核心竞争力，是老字号特色化发展、流传百年的法宝。尽管我国的老字号分属多个不同领域，特色不一，但近年来各领域的老字号均将产品工艺作为创新的重中之重，并取得了较好的成效。相关研究统计数据显示，近5年来，我国老字号推出新产品、新工艺超过10种的占比达到26%，超过三种的占比达到35.7%[1]。从北京地区老字号产品和工艺创新来看，其特点如下。

（1）老字号的产品创新特点。

一是老字号加快产业链拓展，向上下游两端产品延伸拓展。例如，

---

[1] 陈丽芬，果然.中华老字号发展现状、问题和对策[J].时代经贸，2018（19）.

全聚德投资1 000万元兴建全聚德食品厂，开发了十几种鸭胗系列真空包装食品；一得阁对原有产品结构进行调整，向下游延伸，开发了更加亲民、经济实用的"练习专用墨汁"；王致和在臭豆腐、腐乳基础上，延伸开发了酱油、醋等系列产品。

二是老字号基于原有特色优势，加快向新兴领域拓展延伸。例如，以同仁堂为代表的一批医药类老字号正由传统中医药领域加快向生物制药领域拓展。

三是一些老字号聚焦年轻消费群体，注重与时尚、休闲等元素相结合，不断创新丰富产品类型、提升服务品质。例如，北京稻香村开设的"稻田日记"店，从产品口味、外观到服务全面创新升级；吴裕泰则衍生开发了茶月饼、茶冰激凌等新产品。

（2）老字号的技术创新特点。

一是老字号的技术创新能力不断增强，发明专利数量加快增长，在行业标准、国家标准制定方面也发挥了重要引领作用。例如，北京稻香村先后起草了《月饼》（GB 19855）、《糕点通则》（GBT 20977）、《元宵》（GBT 23500）等国家标准。

二是老字号在技术设备方面加强创新探索，推动标准化生产，提高生产效率。例如，全聚德开发了采用先进软件控制技术的新型电烤炉，使得各分店烤出的烤鸭具备一致的口味和品质；吴裕泰在全国率先建成了生物制药级别的拼茶车间和茶叶分拣自动化流水线，从而大大提高了生产效率；等等。

三是老字号积极与高校、科研院所和其他创新平台合作。例如，北京稻香村与中国农业大学成立传统食品研发中心，以加强新产品开发；元懋翔与北京市工贸技师学院合作，加强技术人才培养；等等。

此外，近年来许多老字号正不断加强云计算、大数据等新兴技术的应用，以更好地了解市场需求，不断完善、优化企业的生产、管理、营销链条，提升服务品质。

3.营销服务模式加快创新升级

从当前全国范围内老字号的营销模式来看，除了店面、商超等传统模式外，在当前新消费模式驱动下，线上销售、新零售、连锁经营等新模式也不断涌现，成为助推老字号发展的重要力量。线上平台是当前老字号营销的重要渠道，目前我国已有74.1%的企业建立了电商销售渠道[1]。阿里巴巴集团于2017年发布的《老字号·新零售之北京篇》报告显示，中华老字号企业中已有600家通过天猫平台进行了线上销售，其中北京地区有超50%中华老字号在天猫开展了业务，2017年天猫平台上的中华老字号销售额同比增长了190%[2]。2018年，天猫平台更是以老字号新零售模式，将首家盒马老字号旗舰店落户于北京东城。

除了电商平台外，一些老字号企业也通过自建直销商城、微商城、微店等形式进行网络营销。例如，内联升通过尚履商城线上销售平台以及微博、微信等平台进行展示和销售。目前，线上销售额已经占内联升总体销售额的30%。连锁经营也是老字号营销创新的重要方向，目前，北京采用连锁经营模式的中华老字号已有一半以上。以吴裕泰为例，此前其只有一家店，而目前已经开设了600多家分店。

图3-2为中华老字号的电商建设情况及主要销售渠道。

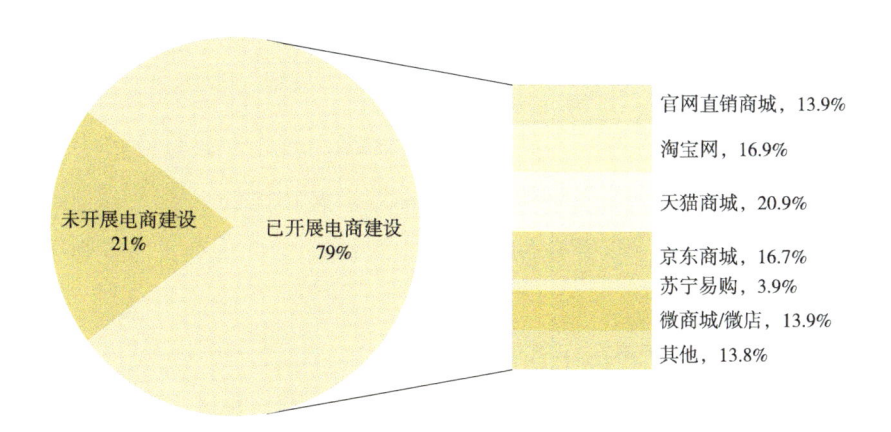

图3-2　中华老字号电商建设情况及主要销售渠道

数据来源：陈丽芬，果然.中华老字号发展现状、问题和对策[J].时代经贸，2018（19）.

---

[1] 陈丽芬，果然.中华老字号发展现状、问题和对策[J].时代经贸，2018（19）.
[2] 详见：阿里巴巴集团发布的《2017中国数字经济发展报告》。

（三）跨界融合创新成效显著，老字号服务功能延伸拓展

跨界融合已成为当前产业发展的重要趋势之一。近年来，老字号积极寻求突破，加强跨界融合创新，借助新资源、新平台，不断拓展新产品、新服务、新功能，老字号的市场竞争力也因此得到显著提升。

1."文旅+"老字号融合趋势加强

老字号具有历史物质和文化遗产的双重价值，中华老字号中的许多品牌、技艺等已被评为国家级或省级非遗，这些具有浓郁民族特色、匠心独具、享誉国内外的老字号甚至已成为一个区域（如一个城市）的文化符号和象征性标志，具有较高的文化旅游价值。近年来，许多老字号依托所在区域深厚的文化底蕴、丰富的旅游资源，在文化旅游功能拓展方面进行了一系列创新探索。

一是一些有实力的老字号依托自身产品特色，与工业旅游紧密结合。例如，北京隆兴号方庄酒厂筹建了大兴南路烧酒博物馆，通过旅游观光、工艺展示、立体式体验等方式，使京酒文化真正融入百姓生活；北冰洋工厂打造的北冰洋主题公园已于2018年正式对外开放，涵盖科普参观、亲子休闲、制作体验、文化旅游等诸多功能；三元等老字号也进一步拓展了科普参观与体验休闲功能，每年吸引了大量游客前往。

二是除了工业旅游，北京一些商业街区在规划和转型发展中也注重强化老字号特色，将老字号与餐饮娱乐、文化体验、观光等功能相结合。例如，前门商业街就集聚了大北照相馆等一批知名中华老字号企业。

2.跨界联合创新产品不断涌现

在当前"网红""爆款"频出的互联网时代，我国老字号企业也积极加入跨界行列，争相发力，摆脱保守、过气等刻板形象；聚焦消费热点与年轻群体消费需求，不断开发跨界新产品。例如，上海冠生园大白兔奶糖和美加净跨界合作推出的联名款"美加净牌大白兔奶糖味润唇膏"，锐澳（RIO）鸡尾酒与六神跨界合作推出花露水味鸡尾酒

等，均取得了较好的市场反应。

笔者在考察老字号近年来积极推动跨界合作，将历史、文化、情怀与时尚、新消费等元素多元融合，加强跨界产品和服务创新的做法后认为，其特点主要包括以下两个方面。

一是借力知名文化品牌，强强联合打造新产品。例如，北京稻香村和故宫合作推出的"酥酥乎乎"礼盒，凭借高颜值在社交媒体上大举圈粉，2万份礼盒在预售期就被一抢而空。

二是加强与文化IP合作，赋予产品文化新内涵。例如，内联升从2015年开始就与卡通形象、流行表情包和各种影视剧IP合作，相继推出了迪士尼、愤怒的小鸟、大鱼海棠等跨界合作的鞋子。2018年，内联升与《养家之人》《如懿传》等影视作品合作开发的全新文创衍生系列产品在三里屯快闪店亮相，吸引了大批消费者。

二、老字号创新发展的重要性

著名跨国广告公司杨·鲁比肯（Young & Rubicam）提出"品牌资产评价"（brand asset valuator）模型（见图3-3），认为品牌是连接产品与消费者的一系列差异化的承诺，而这些承诺又是建立在消费者对品牌的"差异性"（differentiation）、"相关性"（relevance）、"尊重"（esteem）和"知识"（knowledge）等4个具体层级的理解基础之上的。其中，品牌的"差异性"与"相关性"两个方面的结合构成"品牌实力"（brand strength），这一先行指标代表品牌在市场上的生存能力，可以使品牌抵御竞争，赚取利润，创造经济价值；品牌的"尊重"与品牌的"知识"两个方面的结合则构成"品牌地位"（brand stature），这一滞后指标代表品牌在市场上受欢迎的程度。

在上述评价模型的基础上，可以用两维图来衡量"品牌实力"和"品牌地位"，这就是所谓的"品牌力量矩阵"（the power grid）（见图3-4）。该矩阵提供了一个发现和诊断品牌生命的模型。

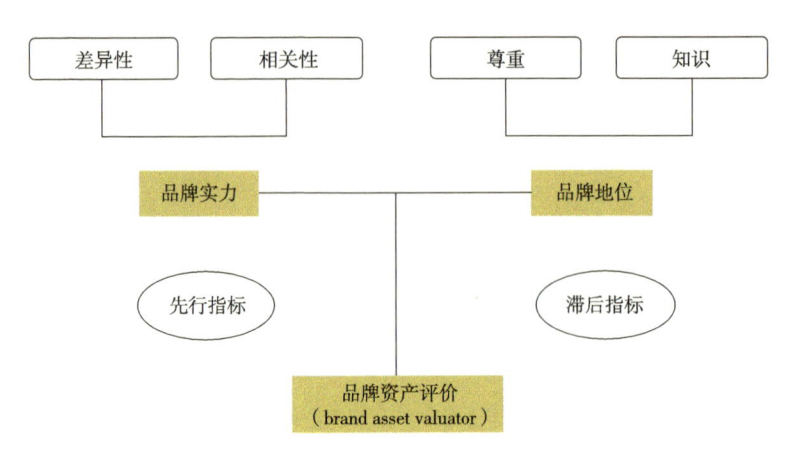

图3-3　杨·鲁比肯公司的品牌资产评价模型

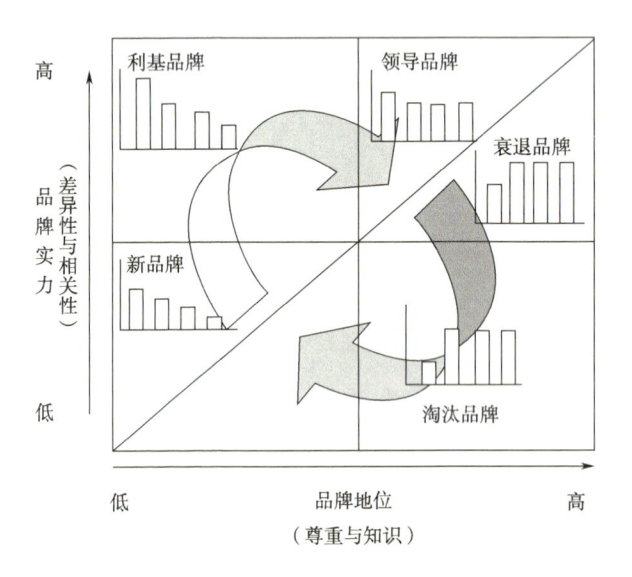

图3-4　杨·鲁比肯公司的品牌力量矩阵

如图3-4所示，新品牌从图左边的较低的下限开始其生命历程。

最初，其"品牌实力"和"品牌地位"都很低。随着品牌的发展，由差异化带动品牌成长，然后是相关性，但此时的品牌尚未获得备受尊重的地位或广为人知，一些有"品牌实力"的品牌会上升到左边上端的上限。这些品牌的"品牌实力"明显增强，但"品牌地位"相对较低。在这里，专为某些特定目标群体服务的利基品牌（如星巴克、斯沃琪等）与还没有实现潜能的品牌聚集在此，这是一个高利润区。对这类品牌来讲，其面临的挑战是如何巩固品牌实力，提高品牌地位。

为了使投资者的收益最大化，品牌应该通过杠杆交易移动到图3-4右边上端的上限，这是强势领导品牌的阵地。它们的品牌实力很强，品牌地位也很高，并且这些强势领导品牌可能是老品牌（如可口可乐、奔驰等），也可能是相对年轻的品牌（如微软等）。在这里，品牌如果管理得当，可以长期保持其强势地位；如果不能保持其品牌实力，则品牌将走向衰落。

一般而言，当品牌走向衰落时，最先遭遇的是品牌"差异性"的降低，品牌实力下降，从而导致品牌地位下降。在图3-4右边下端的下限，该领域中的品牌是实力大大下降但地位仍较高的品牌，也就是说这些品牌已经在衰退之中，但仍获得了消费者某种程度的认知和尊敬。创新不足的老字号就处在图3-4右边下端的下限位置。

老字号是中华民族重要的历史文化遗产，是一种宝贵的商业经济资源，也是具有鲜明民族和地域特色的"名片"。推动和支持老字号创新发展，不论是对老字号企业自身的发展还是对地区乃至国家的经济发展、品牌提升等，都具有重要的历史意义和现实意义，是一项十分紧要而又迫切的重大任务。

（一）老字号的创新发展是传承优秀民族文化，展示中国文化自信的重要内容

作为中国商业文化的传承者、记录民族文化记忆的活化石，老字号承载着深厚的文化内涵和历史文化价值。老字号表现出的强大生命力，不仅代表着中华民族成百上千年来商业和手工业领域屹立不倒的精品，而且是一种独到、优秀的文化基因符号，凝聚了诸多文化情怀与记忆。老字号是一个国家的商魂所系、商道所在，已经成为传承传统文化的最好样本，以及传播中华文化和中国形象的重要载体。

老字号有着"以德兴商、诚信为本"的商业道德，是中华民族诚信传统文化的传承者，如全聚德"圆满、团圆、仁义、恭谦"的道德观念和"以德为先、诚信为本"的经营理念，张小泉"良钢精作"的家训，等等。成百上千年来，老字号的继承者、经营者始终践行着这

些文化理念，也在潜移默化中影响着一代又一代消费者，使中华民族的优秀文化得以传承和发扬。

在今天这样一个纷繁芜杂、竞争激烈的市场中，如何发挥老字号作为中华民族文化传承者的作用，借力借势借智，打造新时代的文化精品，是需要重点考虑和研究的核心问题。事实上，传承的本质是承，只有承下来才能传下去，而承就是要把原来优秀的产品技艺、文化基因、人文情怀保留下来，这是历史赋予的使命。

同时也要看到，没有创新就谈不上传承。因此，要将老字号品牌与现代技术、思想、理念深度结合起来，这样才能传递文化精神、展示文化内涵，进一步提升国家的文化软实力和国家影响力。从更深层次上来看，老字号的创新发展已经不仅仅是某一品牌或行业领域的竞争力的培育，更是展现和弘扬我们的民族自信和文化自信的重要手段。

（二）老字号的创新发展是培育中国自主品牌，打造国家名片的生动实践

在经济全球化时代，打造知名品牌已经成为各国经济竞争的制高点，成为主导全球产业链的重要力量。习近平总书记的三大"字号"战略要求[1]为新时代老字号品牌工作指明了方向。其中，老字号是金字招牌，是中华民族的自主品牌。老字号企业凭借世代传承的独特产品、精湛技艺和服务理念，得到了社会和公众的广泛认可，培养了众多忠诚的消费者，具有坚实的品牌发展基础和市场前景。

经过成百上千年的发展积累，老字号已经成为创新中国自主品牌的原生典范，成为推动中国产品向中国品牌转变的重要力量。例如，在品牌金融（Brand Finance，英国知名品牌评估机构）公布的2017年全球最具价值品牌500强榜单中，贵州茅台作为唯一的中国老字号企业位列第118位，相比2016年上升了65位，成为名副其实的"国家品牌"。又如，有着近3 000年历史的东阿阿胶，作为知名的老字号企业，

---

[1] 2016年5月，习近平总书记在黑龙江考察调研时提出要改造升级"老字号"，深度开发"原字号"，培育壮大"新字号"。三大"字号"为优化产业结构指明了方向。

其通过多年来的品牌经营和建设，已经第10次入选"中国500最具价值品牌"，品牌价值增幅达44.7%；同时，东阿阿胶也是中国滋补养生第一品牌、中成药最大单品，其品牌影响力已实现飞跃式提升。再如，已有500年发展历史的老字号广誉远，已成为中医药国粹的代表，被作为国礼馈赠各国元首，成为一张重要的"国家名片"，使中医药瑰宝誉满全球。

经国务院批准，自2017年起将每年5月10日设立为"中国品牌日"，全面开启自主品牌发展新时代。随着国家品牌战略的深入实施，特别是随着中国与世界融合程度的加深，对老字号品牌建设提出了更高的要求：要在更广阔的国际市场中创造价值，成为国之重器，承担起更重大的历史使命。

从这个角度看，促进老字号创新发展，培育更多更优秀的老字号领军品牌，打造兼具软硬实力的民族品牌、国家名片，对推动"中国制造向中国创造、中国速度向中国质量、中国产品向中国品牌"的进程具有重大的战略意义。

（三）老字号的创新发展是丰富城市内涵，增强国际交往合作的战略需要

古往今来，在任何时代的国家交往中，承载自身文化的商品都是最适用的"名片"。在交通塞绝的历史岁月里，中国之于世界的形象，就是由以丝、瓷、茶等为代表的商品构成的。时至今日，老字号作为中国历史文化的精髓，凭借其优异的产品质量、精湛的消费服务，逐渐成为国际政要、世界友人、各国游客来华参观考察时的首选。2008年北京夏季奥运会期间，全聚德烤鸭被称为奥运村最受欢迎的菜品，每天的消费量达到600多只；位于秀水街的全聚德老字号门店每天接待奥运相关人员500人次以上，其中仅接待国家元首级贵宾就达20多批次。从文化交往和展示的角度看，"国家和城市是皮儿，老字号是馅儿"。可以预见，老字号将越来越多地活跃在国际交往的舞台上，成为我国国际交往的"金名片"。

自2018年第五届国际服务贸易交易会（京交会）以来，每年均设立了老字号专区。其中，2018年设立的是"百年老号、匠心传承"之老字号品牌专题展区。该展区整体采用古香古色的中式四合院建筑造型，以前门、大栅栏、琉璃厂、东单、西单、东四、西四等老北京传统商业街区为主体，采用图文、视频、虚拟现实、技艺表演等多种形式，展示了涵盖餐饮、食品加工、文化、工艺美术等众多行业的180余个境内外老字号品牌和知名品牌，通过全面、生动地展示老字号的发展脉络、传统技艺、产品服务、经营理念等，充分展示了老字号悠久的历史文化，展现了中华民族的文化内涵和文化自信。

作为传承百年精粹的北京老字号，一直都是首都北京的宝贵家底和巨大财富，长期以来在国家和北京的国际交往活动中发挥了重要作用。随着新时期首都北京国际交往中心定位和功能的深化，应进一步引导和加强北京老字号的创新发展，擦亮老字号的金字招牌，促使其以更高水平走向世界，提高首都北京在全球城市格局中的地位和形象；释放老字号宝贵的文化价值和国际交往价值，更加有力地支撑首都国际交往功能的实现，推动北京"四个中心"的建设。

（四）老字号的创新发展是提高消费供给质量，促进消费升级的现实选择

老字号广泛分布于各个行业，既涉及吃、穿、住、用，也包括文化、艺术、休闲，与居民日常生活息息相关。但不论在哪个消费领域中，老字号都代表着一种理念、一种品位、一种享受，深受广大消费者的喜爱和欢迎，拥有一批忠诚的消费群体。如前所述，相关数据显示，中华老字号中已经有600多家已进驻天猫平台，这些老字号的销量也因此有明显攀升。2017年，老字号在天猫平台上的消费人数同比增加170%，销售额同比增加190%，其中高峰期销量平均增长了12倍。例如，通过天猫平台，北京老字号信远斋的酸梅汤在香港实现了三倍于可口可乐的销量。

作为传统商业经济中的优质资源，老字号凭借其卓越的品质、独

特的风味，积累了良好的信誉和口碑，赢得了消费者长久以来的支持。但是，随着居民消费能力升级和消费结构变化，消费新增长点日趋多层次、多样化、多元化，人们对高端消费、品质消费、个性消费等的需求越来越高，足见我国已经进入了消费全面升级的新时代。

在此背景下，对老字号企业而言，紧抓消费升级浪潮下的发展新机遇，乘势而上，创新产品品类，拓展零售渠道，强化品牌营销，优化供应链管理，不仅能为广大居民提供更多品质优良、特色鲜明、竞争力强的产品和服务，繁荣消费市场，满足消费需求，而且对深入推进供给侧结构性改革、扩大城市品质消费、带动消费升级等也具有重要意义。

三、老字号创新发展中面临的问题

近年来，通过不断创新探索，老字号的经济实力、品牌价值有了明显提升。但总体来看，我国老字号仍处于复兴阶段，创新转型发展任重道远。据统计，在目前的中华老字号中，已经有70%处于盈利状态，但仍有15%面临长期亏损或存在倒闭破产的风险。总体而言，当前老字号在创新发展中面临的主要问题主要有以下几个方面。

（一）经营机制有待创新

1.创新意识仍有提升空间

从全国来看，一些老字号普遍存在"小富即安"和"酒香不怕巷子深"的心理。少数老字号掌门人或经营者受学历、眼界和经验等方面的影响，固守自身的"一亩三分地"，缺乏与时俱进、锐意进取的创新精神，导致老字号的发展墨守成规，产品、服务不能很好地适应当前消费的新趋势，从而在日益激烈的市场竞争中业绩下滑明显。此外，缺乏长远战略规划也是一些老字号企业发展中明显存在的问题。受企业经营者思想局限、企业规模小、经营管理机制落后等因素的影响，一些老字号企业对于自身的发展没有长远打算，也没有做出具体规划，缺乏市场竞争和长远战略意识，仅靠"吃老本"维持生计，勉强度日。

2. 经营管理机制有待创新

历史地看，很多老字号企业是由小作坊发展而来的。时至今日，一些企业不断创新拓展，规模不断壮大，已经成为具有现代企业制度的行业领军者；但是，仍有部分老字号企业还是沿用传统经营模式、管理机制，尚未形成现代企业的经营管理思想。

随着时代的进步和市场经济的发展，现有传统的经营管理机制已经无法满足老字号企业的发展需求，甚至成为制约老字号创新发展的重要因素。具体来看：一是一些老字号固守"祖传秘方""只此一家、别无分店"等经营思想，导致其营销模式也较为单一；二是一些老字号企业家族式、家庭式管理色彩依旧浓厚，缺乏符合市场需求的现代企业管理观念和管理技术手段，很难建立起与市场发展相适应的管理规章制度。

（二）创新要素有待改善

1. 创新人才体系尚不健全

老字号企业主要分布在传统行业，有的老字号产品附加值不高但工艺较为繁复，且工资较低。许多现代年轻人在就业时更倾向于选择高科技产业，他们中的一些对中华传统文化了解甚少，加之嫌苦嫌脏嫌累，故近年来一些老字号的人才流失严重。特别是餐饮、食品加工、手工艺等老字号行业的劳动强度较大、"师带徒"的技术培养周期较长、职工待遇提速较慢，近年来人才流失更为严重，多数领域出现人才断层、青黄不接等问题，严重制约了这些老字号的创新发展。

此外，部分老字号在人才引进方面也存在一定的困难。近年来，这些老字号企业虽然不断加大对高端技术、管理人才的引进力度，但成效并不明显，究其原因主要有两个方面：一是目前老字号的经营机制不够灵活，团队技术创新能力较薄弱，高端人才进来后留不住；二是老字号企业薪酬水平较低，平台发展有限，各方面福利待遇与其他行业相比对高端技术管理人才的吸引力较弱。

老字号创新发展中人才体系存在的主要问题，包括以下几个方面。

（1）人才构成趋于封闭，人才引进存在困难。有些老字号的人才问题主要表现在人才构成趋于封闭，人才引进存在困难等方面，以京商老字号（指根植于北京商业文化中的老字号）为例，其原因主要如下。

第一，老字号企业的管理人员多是企业改制之前的老员工，其人才构成具有明显的局限性，如整体学历偏低，年龄偏大，对现代企业管理体制的学习与应用接受度较差，等等。

第二，管理体制、用人机制相对封闭，往往形成一种排外的组织气氛，不利于吸引创新型人才。

第三，非遗传承人等专业人才引进困难。老字号非遗技艺的实际传承人多是企业基层员工，他们上岗后要从最基础的工作做起。同时，一些非遗技艺要想学会、学精，往往需要几年甚至十几年的时间，而目前从事基础工作的企业员工往往是刚从学校毕业的学生（其学历多在大专以下），其特点是行业流动性大，同时相对于社会上一些相对简单而工资又较为丰厚的工作，京商老字号的技艺传承对他们并没有太大的吸引力。

以上原因造成一些京商老字号的人才构成趋于封闭，从管理人才到专业人才的引进均存在困难。

（2）薪酬福利缺乏竞争力，企业文化欠缺，优秀人才流失。同样以京商老字号为例，有些老字号优秀人才流失的原因有以下两点。

一是薪酬缺乏竞争力，员工工资总数设有上线，不能根据企业经营成本与利润的合理关系自行调整安排，员工收入与业绩的关联度不高，没有实行绩效导向的薪酬制度，这也成为一些老字号吸引人才时的重大阻碍。反观不少民营企业，技术力量、资金力量雄厚，劳动生产率高，负担又少，因而工资、福利待遇比较好，从而吸引了大量老字号企业的经营管理、技术专业人才加盟。这些民营企业反过来又对老字号的市场造成了巨大的冲击。

二是受长期计划经济体制的影响，有些老字号缺乏良好的企业文化氛围，人力资源考核机制与管理理念、管理方法落后，忽视企业的基本制度和核心经营理念的建立和培养。在实际工作中，一些管理人员采取的还是简单的命令式管理方法，缺乏沟通和协调，导致员工缺乏共同的价值观，对企业的认同感较差，企业凝聚力不足。这成为一些老字号企业难以吸引和留住优秀人才的重要原因之一。

（3）核心人才待遇不高，缺乏员工职业发展规划和培训。有的老字号的企业技艺传承人有着很高的技艺水平，具有很丰富的生产经验，但其收入较低，年龄偏大，文化水平不高，企业也没有为他们提供继续学习深造的机会；并且，这些传承人缺少特殊津贴和奖励，在企业中所处的地位也有待提高。与此同时，一些老字号缺乏良好的企业员工职业发展规划，新员工入职后的成长路径不明确，导致员工工作积极性低；此外，新员工缺乏培训，对企业文化认同感不高，对企业的核心工作也缺乏认识。

表3-3为历史上北京地区部分老字号引进的人才及其对老字号发展的影响。

表3-3 历史上北京地区部分老字号引进的人才及其对老字号发展的影响

老字号名称	引进人才	对老字号发展的影响
东来顺	正阳楼的切肉师傅	对羊的产地、用肉的部位、切肉的手法做了规范性的整治
正阳楼	曾在清朝皇宫主厨的厨师王五	醇正的菜品吸引了当时的一些皇亲贵戚和很多军政要人
玉华台	从扬州等地请来几位师兄弟操厨	由于菜品风味独特，质高味美，生意极好，赢得了大批食客光临，对此历史上有"营业殊不恶，年计流盛时可达十万金"的记载
又一顺	从已歇业的西来顺饭庄聘请名厨，主持厨政	集东来顺饭庄浓郁风味的炮、烤、涮和西来顺饭庄菜肴华贵、典雅、精美之风格于一店
西来顺	聘请清真菜名厨褚连祥	买卖兴隆，终日顾客盈门
瑞珍厚	聘请名厨马德启掌勺	顾客盈门，高朋满座
稻香村	不惜重金从上海、南京、苏杭、镇江等地请来糕点制作名师	占据北京点心铺的半壁江山

2.创新面临较大资金压力

老字号企业一般都属于以历史传承为特点、手工作坊式的小企业，发展至今，部分企业规模仍较小，盈利能力较弱、利润率较低。这些企业在创新中普遍面临较大的资金压力，特别是一些基本处于保本经营状态的老字号已无力再投入资金创新。

同时，部分老字号企业吸引社会资本的能力较弱。受企业规模小、经营机制陈旧、产能与效益不高等因素的影响，社会资本对老字号的信心不足，进入积极性普遍不高。老字号向金融机构或商业银行申请贷款也较难，从而无法及时更新设备，提高技术，扩大规模。

此外，以北京为例，虽然近年来北京市政府不断加大对老字号创新发展的资金和政策保障，但此类资金支持以一次性奖励或补助为主，存在时间限制和一定的局限性。例如，围绕老字号创新发展的技术研发、高端人才引进等方面的资金支持政策还比较缺乏或力度不够。

（三）创新环境有待优化

1.老字号知识产权保护不足

老字号品牌是企业的金字招牌，是最重要的无形资产，但目前，我国部分老字号企业的知识产权保护意识还较为薄弱，使得老字号品牌受损，具体表现在以下方面。

一是有的老字号企业认为，被认定为老字号特别是中华老字号后，其商号已经自然而然地得到了保护，从而不重视商标的延展申请。

二是有的老字号企业重视国内商标注册却忽视了国际商标注册，导致一些知名老字号频繁在海外被抢注，老字号品牌侵权等纠纷也时常发生。例如，"同仁堂"已先后被日本、美国、韩国、荷兰、挪威、瑞典等多个国家的企业抢注；"红星二锅头"在瑞典、爱尔兰、新西兰、英国等国已被同一家英国公司抢注。

三是有的老字号企业没有完整的商标品牌战略，品牌被侵权、仿冒等现象时有发生。

2.老字号法治保护有待加强

目前，我国有关老字号的法律规定仍大多存在于部门法中，缺乏专门针对老字号的法律。对老字号的专门规定主要有《"中华老字号"认定规范》、《振兴老字号工程方案》和《"中华老字号"标识使用规定》等。从这些规定可以看出，我国对老字号的相关规定大多仍停留在行政规范层面，并没有专门的法律对老字号进行特殊保护。

例如，《"中华老字号"认定规范》主要明确的是老字号的认定标准，对老字号知识产权冲突则并没有提出解决方案；我国的商标法、专利法、著作权法等虽然对字号权、企业名称权的名号有所规定和保护，但并没有明确规定老字号知识产权的在先合法权益。

此外，一些重点行业在知识产权保护方面也存诸多问题。例如，曾经有一家公司专门"傍着"内联升开店，并一口气注册了福联升、祥联升等近似商标，并将其应用于同内联升相似的服装鞋帽领域。

（四）品牌推广有待加强

1.部分企业缺乏品牌经营意识

品牌价值是企业品牌字号与竞争实力的结合。从当前老字号品牌形象来看，一些老字号企业缺乏品牌经营的意识，其经营仍侧重在产品生产和销售等方面；其品牌打造的手段也相对落后，导致许多老字号的品牌形象传统呆板，给人以"老古董"的刻板印象。

从品牌文化内涵来看，一些老字号企业既对品牌原有文化的挖掘和整理不够，又偏重传统特色，忽视时代特色，不注重运用独有的老字号品牌文化去塑造品牌，拓展品牌内涵，因而难以吸引年轻消费者的关注。

2.品牌宣传有待加强和创新

在宣传方式方面，一些具有实力的老字号多通过广告、新闻媒体等方式进行宣传推广。但是，一些规模较小、发展实力较弱的老字号因受资金、人才、技术等相关因素的影响，其宣传方式较为传统、落后，多数以口碑相传、朋友介绍等方式为主。

老字号由于地域性特点突出，传统宣传方式往往不利于其拓展外埠市场、做大规模。以北京为例，目前外省市的消费者乃至部分北京本地的消费者大多只对全聚德、同仁堂等名气较大的老字号较为熟悉，对其他老字号品牌则普遍缺乏深入了解，甚至根本不知道某些品牌其实是老字号。对于这些发展实力较弱的老字号，亟待政府或相关组织加强宣传推介，助推其提升品牌影响力，开拓市场。

从宣传内容来看，一些老字号品牌定位尚不准确，企业的宣传内容较为固化，对传统文化宣传有余，但现代文化融入不足，没有兼顾年轻消费群体的偏好，因而很难引起更大消费群体的共鸣。

四、新时代全面提升老字号品牌创新的路径

老字号的优势在"老"，但价值体现在"新"。所谓"新"，就是要适应现阶段发展趋势和消费需求的创新。也就是说，老字号既要在产品和服务上下大力度创新，还必须注重发展理念的转变、技术模式的应用、营销方式的变化等全方位的品牌创新。

因此，加快老字号品牌的创新发展，就要创新理念，开阔视野，打破固有格局，做到与时俱进，以保护与传承老字号为根本，聚焦品牌要素创新、营销创新、管理创新、模式创新、技术创新等五大方向，多层次、多角度地提升老字号的品牌活力，发挥老字号的示范和引领带动作用，促进老字号释放更大的品牌价值。

（一）加强品牌要素创新，提升老字号的国内外影响力

老字号是中国的自主品牌，承载中华文明，展示浓郁地方特色，是民族品牌实力的体现。新时期的老字号品牌，不能墨守成规、一成不变，而是需要不断创新，挖掘潜能，这样才能保持品牌的市场知名度和活跃度。因此，品牌创新是老字号创新的首要任务，为此要紧紧围绕消费市场的需求变化，聚焦包装、标识、广告等核心品牌要素，实施全面、系统的品牌创新战略，挖掘消费热点，激发消费活力，提升老字号在消费市场竞争中的核心优势和地位。

1.注重包装设计，焕发老字号品牌的消费活力

产品包装作为一个无声的推销员，已成为品牌的形象代表，越来越受到消费者的重视。面对激烈的消费市场竞争，老字号能否实现创新发展，打造好包装设计这张品牌名片显得尤其重要。在此推荐以下两点具体举措。

一是突出民族文化，强化地域特色，通过新颖的创意，从造型生动的角度构思老字号的包装结构。对此，应借助别出心裁的图形、文字、色彩设计等，唤醒消费者心底深处的人文情结，产生情感共鸣，形成老字号独一无二的品牌形象和气质。

二是注重材料组合的丰富性和多样性，大胆尝试包装新技术、新材料，在环保的基础上注重新型材质的应用，或将传统的材料与新型材料结合起来，以寻找不同的表现手法。例如，北京稻香村一直以来都追求新颖的包装样式，将中国传统的诗词、传说等以现代科技的形式演绎到包装礼盒上。2017年，北京稻香村与故宫、淘宝合作，推出了中秋限量月饼礼盒"掬水月在手"。此套礼盒以月白色为主调，并以故宫藏品"掬水月在手"的印章为题设计而成，一经推出，十分畅销。

2.强化视觉标识，彰显老字号品牌的个性特征

大多数老字号企业存在形象识别不够规范严谨、陈旧单一、可识别性较弱等问题，从而造成视觉形象要素的散乱和品牌资源的浪费。以北京为例，要重塑老字号的品牌形象标识，首先，要在老字号品牌原有的视觉形象基础上取长补短，在不影响消费者对品牌原有视觉记忆的范围内进行循序渐进的改良设计；其次，要顺应数字时代受众审美理念的变化，在字体和颜色的搭配上做到协调美观，"倚老卖新"，对企业的品牌视觉形象进行再设计。此外，在老字号的标识设计中，还要突出国际化的视野，突出中国传统文化，引入现代时尚理念，增加英文标识，以加强老字号在海外的品牌推广。

3.创新广告宣传，弘扬老字号品牌的核心价值

相比普通的商品消费，老字号有着更深厚的文化底蕴和内涵。例如，全聚德的"全而无缺、聚而不散、仁德至上"蕴含着深刻的儒家文化精神。在老字号企业的广告设计中，要将企业的理念、寓意、思想及市场营销等元素融入其中，以深厚的文化底蕴作为基础，进行全面系统的广告定位、广告形象、广告推广设计，从而充分展现老字号品牌的独特文化内涵，使传统老字号焕发新的生命力，提高消费者对老字号品牌的认知度。

（二）加强经营模式创新，拓展老字号的市场辐射能力

20世纪90年代以前，我国老字号普遍采用的是小门小户即传统的分散式经营方式。随着中国经济进入高速发展期，面对日益增长的大众化消费市场、日益激烈的供应市场竞争，传统老字号企业开始创新现代经营方式和先进营销理念，纷纷采取连锁经营模式，迅速扩展业务，以获得相对的规模优势。例如，全聚德、吴裕泰、张一元等均实行了统一采购、统一配送、统一标识、统一经营、统一服务规范和统一销售价格等连锁经营模式，其门店数量因此不断增加，客流量和营业额也快速上升。

在消费全面升级的今天，尤其是随着互联网技术的渗透应用，新零售、新商业模式不断涌现，给传统的商业经营带来了严峻的挑战，同时也创造了经营模式创新的重要机遇。对老字号而言，要充分运用新技术、新理念、新模式，线上线下相结合，围绕体验式消费、休闲消费等的需求特征，加强供给方式和经营模式的创新，延伸市场渠道，拓展市场空间，扩大品牌影响力。

1. 运用互联网思维，壮大老字号电子商务规模

从实践来看，"互联网+"已经成为老字号企业经营模式创新的一种重要尝试，如网上销售、网上宣传展示、网络旗舰店甚至跨境电商等。以首都北京为例，下一步应充分发挥老字号的品牌优势，实施北京"老字号+互联网"工程，引导老字号企业运用互联网、大数据等现代信息技术，大力发展电子商务。一方面，要加强网络适销商品和款式创新，推出具有特色的网络爆款，扩大市场销售规模；另一方面，应加强与电子商务平台的合作，共同设立老字号电商板块，进行集中

宣传和推广。

以吴裕泰发展自媒体，开展精准化营销为例，近年来，吴裕泰尝试利用微博、微信、《茗鉴》电子杂志等自媒体手段开展精准营销。2011年，吴裕泰开通官方微博；2012年，开通官方微信，投拍微电影《928就爱吧》，受到业界的肯定；2013年，搭建"码上传播营销平台"，并通过新浪微博"吴裕泰中国"拓展粉丝群体，将新粉丝转化为老茶客，做到每个月都有粉丝互动活动，从而不断提升粉丝活跃度，增强粉丝黏性。此外，吴裕泰还邀请粉丝到吴裕泰展位和门店参与茶文化体验活动，以实现线上、线下的紧密关联。

2. 创新经营模式，拓展老字号市场空间

支持具有条件的老字号企业发展连锁经营、特许经营，运用新媒体，拓展品牌影响力，提高运营效率。支持老字号跨区域经营布局，开设连锁店，扩大市场销售份额，提高市场占有率。推进商旅一体化发展，支持老字号企业与旅游景区（点）的深度合作，发展老字号特色工艺旅游。加强重点地区商业规划布局引导，鼓励商业设施设立老字号品牌专区；打造老字号特色商业街，引导老字号品牌集聚。例如，瑞蚨祥创新提出"高级定制O2O"商业模式，在京东、天猫旗舰店等平台成功实现"线上下单，线下购买"；通过官网商城，实现了"高级定制O2O"模式的创新。瑞蚨祥主打的高级定制服务围绕"九大流程"，即由专属助理、形象顾问、量体师、制版师、剪裁师、缝纫师、整烫师、盘扣技师以及刺绣技师组成的多人团队，实现"一个团队为一个人服务"，为每一位顾客提供全方位的贴心服务。每一件瑞蚨祥定制产品的诞生，都要经过超过20个部位的量体、50道以上的加工工序。就这样，老字号瑞蚨祥秉承"责任"、"传承"和"创新"等品牌理念，不断优化和升级，引领新中式时尚。

3. 着眼国际发展，加快老字号海外市场布局

凭借深远的品牌影响和优异的产品质量，老字号逐渐成为国际交往与合作的桥梁和纽带，是各方政要和国际友人来华交往、参观考察的首选。以同仁堂为例，其制定了全球化发展目标，提出"有健康需求的地方就有同仁堂"。2010年，同仁堂名下的北京同仁堂科技发展股份有限公司转战香港主板上市。借道香港，同仁堂进军欧美主流国家，业务覆盖中国境外19个国家及地区，零售终端达到70个。通过天猫电商平台"出海"，2018年同仁堂更是取得了覆盖182个国家和地区的骄人成绩，成为国药行业出海过程中当仁不让的领军者。

从老字号海外市场布局看，可以率先加强与"一带一路"沿线国家的合作，支持老字号企业在新加坡、泰国、朝鲜、韩国、越南、印度、巴基斯坦等国设立分店、分中心等经营机构，开展具有特色的产品和服务营销。

（三）加强管理手段创新，释放老字号的创新发展活力

现代化的管理手段和制度，是规范和促进老字号企业发展的重要因素，是老字号创新的内在动力。老字号由最初的家庭作坊到小门小店再到大型企业集团，离不开一套严格的管理制度，也正是在这种制度的规范下，老字号在漫长的历史进程中才得以生存和发展。

随着市场经济的快速发展，部分老字号的传统管理模式和手段亟待创新。特别是，一些国营阶段遗留下来的企业管理体制，已经无法满足新时期企业创新发展的需求，最终将导致老字号缺乏市场活力，甚至面临无法继续经营的风险。面对新的内外部环境，老字号企业迫切需要引入现代化的管理理念、管理体制、管理制度，加快运营创新、资本创新和人才创新，从而改革创新老字号的企业管理模式和体系，激发其内在发展活力，促进老字号综合竞争力的提升。

1. 完善现代企业制度，提升老字号公司治理体系

就老字号企业而言，其大都经历了不同程度的改制转型，但仍然存在改制不彻底、不到位等现实问题，而这也是目前制约老字号发展的瓶颈之一。针对实际情况，应加强摸底调研，支持老字号企业进行资产重组，并鼓励各种资本参与老字号企业的改组改制，特别是对处于竞争劣势的老字号企业实施战略重组。

同时，应鼓励具有竞争优势的老字号企业通过市场运作，如控股、收

购、兼并等方式，组建和发展老字号企业集团，建立健全现代企业制度。

例如，全聚德在管理创新方面已走在前列。全聚德对标市场优秀企业，搭建市场化和科学化的管理体系，在细化、调整、补充公司现有考核指标的基础上，首次引入第三方评价数据，将顾客满意度作为工作目标，优化绩效考核内容，把顾客评价引入对管理者的业绩考核之中；着手搭建门店运营的市场评价体系，密切关注公众平台上的顾客评价及反映，并与专业公司合作，对顾客的消费行为进行调研；引入点评网站的数据分析，并要求门店根据分析与评比结果主动改进和提升菜品、环境和服务水平；等等。

2.鼓励开展资本运作，拓展老字号融资信贷渠道

据万得（Wind）统计数据显示，同仁堂自1997年上市以来，已经累计进行了四次融资，其中首次公开募股（IPO）首发融资3.54亿元，并于2001年和2004年分别配股融资2.2亿元和3.3亿元，2012年可转债发行募集资金12亿元。

由此可见，除自身经营外，资本市场同样可以为老字号企业快速发展提供良好的机遇。对此，未来应进一步鼓励发展较好的老字号企业开展资本运作，支持符合条件的老字号企业在A股、新三板上市，从而拓宽老字号企业的融资渠道。

3.创新人才培养模式，激发老字号发展潜能

目前，人才短缺已成为老字号发展中的共性问题，其普遍存在中层以上管理人员年龄老化，传统技艺工艺复杂，后继人才培养难度大等问题。对此，首先，应探索老字号人才的培养机制，支持老字号企业与高校院所合作，共同培养具有专业素养的技艺传承人。其次，应加大老字号人才的培养激励，引导老字号企业建立人才考核激励机制，推行人才的动态管理，培育德技兼备、手艺高超、恪守道德法则的老字号领军人才。例如，老字号企业广誉远通过设立"广誉远学者计划"和人才基金，每年在全国范围内遴选中医药领域的学者、医生加入该计划，以专项资助的方式培养传统中医药传承、发展、创新的中坚力量。

（四）加强商业模式创新，激发老字号的潜在消费需求

从目前的消费需求和趋势看，具有时尚气息和文化品位的产品和服务更加符合消费者的偏好，更受到主流消费群体特别是年轻人的青睐。从老字号的发展历程看，其大多数都起步于传统作坊，虽然积淀下来了世代传承的服务理念，但与目前瞬息万变的消费需求相比，普遍存在观念陈旧、服务落后、创新不足等问题，严重制约了老字号企业的发展。

在新的发展时期，老字号必须改变传统的服务思路，结合消费市场的新需求、新特点、新趋势，引入新的服务理念和服务模式，完善独具特色的现代消费服务体系，全面推动消费市场拓展、消费群体扩大，从而做大消费市场规模，振兴老字号服务品牌。

1. 线上线下结合创新，扩大老字号消费空间

如前所述，在科技发达的今天，互联网已经成为老字号企业提供消费服务的重要媒介。

对此，一方面，应鼓励老字号企业与知名电子商务平台合作，面向消费者提供各类线上个性化、定制化服务，包括在线预订、"网订店取（送）"等，以实现老字号与消费者的实时互动。

另一方面，应鼓励老字号运用微博、微信等新媒体，与消费者互动，进行产品宣传，传播老字号品牌的历史和商业文化。例如，北京稻香村通过开通新浪微博，根据二十四节气文化，推出并宣传其各具特色的美食微博产品，弘扬中国传统文化；主动推出与网友互动的节日抽奖活动，以营造节日的氛围感，提升消费服务体验。

2. 聚焦消费体验升级，创新老字号"新零售"模式

随着消费升级步伐的加快，新生代消费群体已经不仅仅满足于产品本身，其消费主张更加偏向个性化、年轻化、娱乐化。以北京为例，要加强此地老字号的消费服务模式升级，一方面，应通过定制产品、消费场景、流行表达等来展现传统民族文化和地域文化，强化消费体验、消费展示、消费服务等功能，探索零售业的新模式、新业态。

另一方面，应推动老字号传统店铺向旗舰店、体验店、定制中心等的转型，加快智慧零售、跨界零售、无人超市、人脸识别等新业态布局，从而形成"商品+服务""零售+体验"等融合式消费新格局。例如，老字号北京稻香村在北三环附近的购物中心开设了"稻田日记"门店、内联升选择在三里屯潮流街区开设"快闪店"，其全新的经营模式让人耳目一新。

（五）加强供应链创新，扩大老字号的消费供给能力

供应链既是产品链，也是信息链和资金链，是以客户需求为导向，以提高质量和效率为目标，以整合资源为手段，实现产品设计、采购、生产、销售、服务等全过程高效协同的组织形态。自2017年开始，供应链行业频获政策支持。2017年10月，国务院印发《关于积极推进供应链创新与应用的指导意见》，将发展供应链上升为国家战略。党的十九大报告更是明确提出，应在中高端消费、创新引领、绿色低碳、共享经济、现代供应链、人力资本服务等领域培育新增长点、形成新动能。

1. 延展供应链体系，推动老字号流通升级

创新供应链体系，将供应链应用向生产和消费两端延伸。随着时代的发展和消费能力的提升，消费者需求已经成为引领生产的风向标。

对此，一方面，老字号企业可以通过信息技术将消费者的需求偏好渗透到产业链各个环节之中，从而打通生产和消费之间的渠道界限，建立企业与消费者之间的直接联系，以消费者需求引导生产，实现定制化生产。

另一方面，老字号可与生产企业密切合作，共同研发新产品，催生新的消费需求。在此过程中，老字号企业的集成和主导作用将逐步加强，组织引导上下游企业在采购、分销、物流配送等环节协同运行，从而构建起立体、完善、反应迅速的信息管理系统，实现全程信息可视，减少中间环节的信息传递效率损失，最大化地满足消费者需求。与此同时，应降低企业库存，提高运行效率。

2. 提升供应链服务，实现老字号创新发展

供应链作为整合资源的有效组织形态，能够促进上下游产业协同发挥作用，优化微观产业运行机制，提升产业组织能力。一方面，供应链可将物流、信息通道贯通，为原材料、产品及各类流动提供载体。另一方面，通过供应链管理，可整合各方资源，建立供应链平台，以网络化、智能化为特征，构建协同运作体系，推动企业参与国际国内分工，拓展市场空间和发展潜力。

在这之中，供应链的管理水平和服务能力至关重要，将直接影响供应链的实施效果。对此，老字号企业应大力提升供应链管理水平，通过强化管理的方式推进供应链应用，结合互联网、物联网的发展特点，创新供应链管理模式，通过智慧供应的方式整合运作资源，以提升供应链服务能力，为各方提供经营便利，从而实现发展共享，利益共赢。

3. 打造智慧供应链，助推老字号跨越发展

智慧供应链是利用智慧化平台去计算、思考、决策，通过数字化运营平台来量化供应商供货量、供货合理价格、仓储量、入仓位置、用户喜好等，并据此作出精准预测，从而为企业经营以及仓储、运输等提供自动化解决方案。老字号要构建智慧供应链生态圈，可以从以下几个方面入手。

一是提高对智慧供应链的认识，强化供应链战略。老字号企业要加深对智慧供应链的理解，制定智慧供应链发展战略，明确个性化的供应链发展方向，引领企业生产向智能化迭代升级，从而保证企业运营发展目标的实现。

二是建设智能物流系统，提高物流信息化水平。老字号企业要不断强化智能物流系统建设，加强物联网技术、人工智能技术、信息技术以及大数据、云计算等技术在物流系统中的应用；提高物流信息化水平，实现整个物流流程的自动化与智能化，从而为智能制造和智慧供应链建设提供强有力的支撑。

三是协同供应链上下游企业，打造智慧供应链平台。通过物联网、云计算等信息计算与制造技术的融合，构建智慧供应链平台，实现与上下游企业软硬件制造资源相似的全系统、全生命周期和全方位联动，进而实现人、机、物、信息的集成、共享，并最终形成智慧供应链生态圈。

（六）加强技术创新引导，培育老字号的核心竞争优势

在漫长的历史发展过程中，老字号已形成了独一无二的技术和工艺，并在世代相传中日臻纯熟，成为老字号的立命之本和核心竞争优势。以北京的老字号为例，内联升、全聚德、王致和等都是凭借一套精湛的独门绝技，成为其品牌经久不衰的重要法宝。

但是，随着消费市场的发展和科学技术的进步，这种传统的老字号技术和工艺在一定程度上受到了挑战。老字号企业的规模普遍偏小，技术和设施投入相对较少，且缺乏开发现代技术体系的能力，导致其在技术标准化、技术创新性、技术稳定性等方面的问题越来越突出。因此，在老字号的技术创新中，要加大自主创新投入，加强产学研合作，改良传统技术和工艺，焕发老字号的生机与活力。

1.加强工艺创新，提高老字号产品的质量和品质

普遍来看，多数老字号以传统工艺为主，其标准化程度不高。对此，在支持老字号企业保护和传承其优秀传统技艺的基础上，应借助现代科学技术、生产工艺和设备，加快老字号的技术改造，推进其智能化改造升级，创新传统工艺，利用现代先进技术嫁接传统技艺工艺，从而实现传统技艺和现代技术的有机结合，提升老字号的新产品研制水平，完善其产品技术标准、服务标准、品质标准等，培育老字号产品的核心竞争力和消费吸引力。如前所述，全聚德采用先进的软件技术控制新型电烤炉，以保证各门店和分号的烤鸭品质、口味完全一致，从而既实现了产品的标准化生产，又提高了产品的核心技术。

2.鼓励自主创新，焕发老字号的市场活力

应支持老字号企业设立各类技术中心、研发中心、企业研究院等研发机构，加大技术开发投入，增强其自主创新能力。应鼓励老字号

企业与科研院所、高等院校加强合作，促进科技成果的转移转化。应鼓励和支持制定老字号传统技艺和服务标准，导入先进的质量管理方法和模式，推动建立"企业自主申明+第三方认证+政府监管+社会采信"的老字号质量认证体系，搭建老字号检验检测公共服务平台，从而为老字号转型升级提供技术支持。

第四章　老字号品牌竞争力提升研究

在市场经济条件下，品牌面临的竞争更多已经不再是封闭环境下的国内竞争，而是开放条件下的国际化竞争。即使某个品牌的市场经营范围只是在本土区域，也同样面临与跨国品牌的激烈竞争，老字号品牌亦不例外。老字号品牌拥有差异化的产品（服务），良好的品牌信誉和深厚的文化底蕴，在中国企业深度参与全球经济治理的大背景下，其完全可以在推动自身品牌逐步国际化的过程中不断提升国际竞争力。

一、老字号品牌竞争力亟待提升

（一）老字号品牌是中国发展对外贸易的重要载体

21世纪是国际贸易的世纪，放眼全球，我们不得不承认，中国的贸易总体水平与发达国家相比仍存在较大的差距。尽管如此，中华民族悠久历史文化的积淀已经为我们留下了一大笔财富，那就是数以千计的"金字招牌"——中华老字号。虽然当前多数老字号的市场份额还不高，但它们却承载着中国传统文化的精髓，是民族工商业的精英，是中华文化的瑰宝，是推动中国对外贸易的重要力量，对中国经济和社会发展起着至关重要的作用。

1. 老字号是中华优秀传统文化的代表

老字号具有丰富的优秀传统文化内涵，如建筑文化、饮食文化、商业文化、民俗文化等，这些都是我国民族文化的重要组成部分。人们光顾老字号，很重要的一点就是希望感受中华文化的博大，领略悠久历史的积淀。不论是侨居海外或久居外地的华人回到故乡，还是国际友人初次踏访中国这片热土，总爱到老字号去逛逛，或寄托乡情，或感受历史，或陶冶情操。从一定意义上来说，老字号满足了人们精神世界的需要，因此，保护、促进老字号的发展，就是保护和弘扬中华优秀传统文化。

老字号以其深远的品牌影响和优异的产品质量，以及丰富的历史文化内涵，常常成为世界政要和国际友人交往中参观、考察的首选。老字号产品更是成为中国领导人会见外宾、互赠礼品的必选。例如，新中国成立后，周恩来总理曾27次在"全聚德"烤鸭店宴请外宾，就是老字号巨大魅力的活生生的事例。又如，名噪京城的老字号"馄饨侯"不仅味道一绝，而且能把馄饨皮做到薄如纸，把馄饨皮放在报纸上，能看清下面的字。当年周恩来总理在宴请外宾时，还特地把"馄饨侯"的师傅请去，以展示老字号的绝活。

越是民族的越是世界的。2008年北京夏季奥运会和2022年北京冬季奥运会（以下简称"北京双奥"）期间，老字号成为国内外宾客认识中国、感受中国的重要窗口。随着北京双奥的成功举办，老字号作为文化的载体和使者，必定会将越来越多优质的产品和服务呈现在国际交往的舞台之上。

2. 老字号是民族品牌实力的体现

中国在创造一大批新生知名品牌之时，同样引以为豪的就是拥有众多具有深厚文化底蕴的老字号品牌。老字号是中国的自主品牌，其承载了中华文明，展示了浓郁的地方特色，传承了独具匠心的技艺和服务，凝聚了世代先辈的心血和智慧，体现了诚信经营的商业文化精髓，是民族品牌实力的体现。

在品牌的文化底蕴方面，老字号有着较其他品牌更深厚的内涵和吸引力。例如，同仁堂秉承的"同修仁德、济世养生"和全聚德秉承"全而无缺、聚而不散、仁德至上"理念中，就蕴含了深刻的儒家文化精神。老字号的这些优秀文化传统与现代和谐社会的理念不谋而合，在促进诚信经营、建设良好市场经济环境等方面发挥着独特的作用。表4-1为部分老字号企业的经营理念。

表4-1 部分老字号企业的经营理念

企业	经营理念
便宜坊	方便宜人，物超所值
功德林	积功德成林，普及大地
老正兴	选料精细，货真价实，色香形皆佳
南庆仁堂	素具仁慈济世之心，庆获妙药活人之效
仁和	中正仁和，仁爱和谐
瑞珍厚	瑞则吉祥，瑞香；珍则奇珍异宝，珠玉宝石，珍贵物品；厚则宽容厚道，以诚待人
同升和	同心协力，和气生财
万全堂	遵古炮制，选药精良
吴裕泰	采之唯恐不尽，制之唯恐不精
丰泽园	菜肴丰饶，味道润泽
元长厚	一元复始，源远流长，庄底雄厚
六必居	黍稻必齐，陶瓷必良，曲蘖必实，火候必得，湛炽必得，水泉必香
同和居	同怀和悦
同春园	同心协力，春满园；花开茂盛，生意兴隆
白塔寺	以德经商，以德待客
东来顺	质量为本，服务大众
都一处	以人为本，诚信为魂
精益	精益配镜，益智明目；求新进取，精心服务
老正兴	经济实惠，薄利多销
张一元	一元复始，万象更新

资料来源：本书根据相关资料整理而成。

在品牌传统技艺方面，老字号大多起步于家庭作坊，通过手工操作积累起来的技术、工艺和经验而形成"祖传秘方"。经过几代乃至十几代人的创新完善，老字号的传统技艺经久不衰，既保持了其产品的独特性，也成为扩大生意、招徕顾客的一大法宝，并发展为各个行业中各种类型的"绝技绝艺"，成为非遗的重要组成部分。表4-2为国家级和北京市市级（以下简称"北京级"）非遗中老字号的独特文化和技艺。

表4-2 国家级和北京级非遗中老字号的独特文化和技艺

老字号的独特技艺	级别	老字号的独特技艺	级别
同仁堂中医药文化	国家级	仁和"菊花白"酒酿制技艺	北京级
荣宝斋木版水印技艺	国家级	红都中山装制作技艺	北京级
聚源号弓箭制作	国家级	瑞蚨祥中式服装手工制作技艺	北京级
全聚德挂炉烤鸭技艺	北京级	盛锡福皮帽制作技艺	北京级
便宜坊焖炉烤鸭技艺	北京级	马聚源手工制帽技艺	北京级
东来顺饮食文化	北京级	内联升手工布鞋制作技艺	北京级
天福号酱肘子制作技艺	北京级	戴月轩湖笔制作技艺	北京级
鸿宾楼全羊席制作技艺	北京级	王麻子剪刀锻制工艺	北京级
壹条龙清真涮羊肉技艺	北京级	荣宝斋装裱修复技艺	北京级
月盛斋酱烧牛羊肉制作技艺	北京级	一得阁墨汁制作技艺	北京级
都一处烧卖制作技艺	北京级	肄雅堂古籍修复技艺	北京级
六必居酱菜制作技艺	北京级	鹤年堂中医药养生文化	北京级
王致和腐乳酿造技艺	北京级	北京二锅头酒酿制技艺	北京级
张一元茉莉花茶窨制工艺	北京级	牛栏山二锅头传统酿制技艺	北京级

资料来源：本书根据相关资料整理而成。

3.老字号是经济生活的重要组成部分

老字号分布在各个行业中，与居民的日常生活息息相关，从吃住到穿戴，从柴米油盐到就医用药，从金银玉器到文房四宝，几乎无所不包。长期以来，老字号凭借其较高的知名度与社会影响力，以自身独具特色的产品、热情周到的服务，成为经济生活中不可或缺的组成部分。例如，王致和的豆腐乳、六必居的酱菜、天福号的酱肘子、张一元的茶叶、稻香村的糕点等，在传统节日期间往往供不应求。部分老字号还以其独有的传统技艺，向社会提供了不可替代的产品和服务，满足了特定的消费需求，如听鹂馆的寿筵席、功德林的佛门净素斋等。

随着社会消费水平的提高，消费结构日趋多元，老字号的特色产品和服务适应了多样化的消费需求，促进了消费需求的扩大。例如，泸州老窖推出的"国窖1573"堪称经典，其对新产品采用熟悉的联想手法，树立起了这款酒的"古老"形象，唤醒了消费者的怀旧情感。又如，老字号王老吉在成为凉茶代名词的同时，还积极将产品线延伸至无糖冲剂、清凉茶、润喉糖等系列产品。再如，燕京酒业通过对九龙斋酸梅汤配方的现代化开发，实现了传统产品的工业化，此举不仅令这家老字号再获生机，而且使之获得了巨大的经济效益。

老字号品牌既是中国商业品牌形象、品质和文化的代表，也是国家综合竞争实力的标志和巨大的无形资产。中国对外贸易要想有大的发展，必须拥有一大批代表中国特色的品牌；不仅要引进国际品牌，强化国际特色，成为世界各国品牌的汇集之地，而且要发展本土品牌，打造具有中国特色的国际品牌。

可见，老字号作为中国商业品牌的代表，不能墨守成规，裹足不前，而是要充分参与国际市场竞争，积极主动地适应市场形势的变化，提升品牌竞争力。

（二）老字号品牌与国际知名品牌的价值存在一定的差距

中国的许多老字号世界闻名，代表了高超神秘的传统工艺、热情周到的服务态度和有口皆碑的商业信誉，凝聚了民族文化、地域特色，蕴涵着难以计量的历史渊源、文化内涵等无形资产和品牌效应，具有不可估量的品牌价值。然而，每当谈起中外知名品牌，许多中国消费者如数家珍的却大都是可口可乐、麦当劳、普拉达、古驰、奔驰、特斯拉等国外知名品牌，作为传统商业瑰宝的中华老字号则常常鲜有人提及。

目前，中国已经是全球第二大奢侈品消费国，《2022中国奢侈品报告》显示，2022年中国奢侈品市场销售额达9 560亿元人民币，占全球奢侈品市场38%的比例。中华老字号有着许多其他品牌几乎无法跨越的硬件优势，也具备西方奢侈品所倚重的等级和年份，却没有一家成为世界公认的奢侈品品牌。例如，同是"专属皇家定制"，路易·威登（LV）曾为法国皇室定制，内联升曾为中国皇室定制，但二者在国际上的品牌认知度却有着相当大的差距：前者已是全球知名的奢侈品品牌，后者则在全球奢侈品市场中尚未占据一席之地。又如，同是以创始人名字命名，迪奥（Dior）在国际上的名气就是比王麻子、张小泉等要大很多。显然，从品牌价值来看，中国老字号和许多著名国际品牌相比确实存在着很大的差距，究其原因主要表现在以下几个方面。

1. 缺乏品牌保护意识

一些老字号由于商标保护意识淡薄，历经百年方才铸就的金字招牌却被他人抢注使用。例如，同仁堂在日本被抢注，竹叶青在韩国被抢注，凤凰在印尼被抢注，等等。据不完全统计，仅近几年，我国著名老字号商标在海外被别人注册在先的就达300余件。其中，在澳大利亚被抢注的有150余件，在日本被抢注的有100余件，在印度尼西亚被抢注的有50余件。

反观瑞士军刀的品牌拥有者，其不仅在全球各地对自己的品牌进行保护性注册，而且对关键的生产技术积极实施专利申请保护。据报载，瑞士军刀最新出品的一种办公刀具，只有普通手机大小，集小刀、剪刀、订书机、起订器和打孔机等功能于一身。此刀虽小，但它却凝聚了技术人员长达6年的心血，其中有35项设计已获得专利证书。

名牌商标对于企业来说是一笔巨大的无形资产，是企业多年辛苦经营、维护而取得的成果。我们不能因为知识产权意识的淡薄而使老字号的金字招牌花落别家，从而对老字号品牌的生存和发展制造重重障碍。

2. 品牌创新不够

品牌代表利益认知、情感属性、文化传统等价值观念，一个不断发展且有着丰富文化内涵的品牌才具有强大生命力。老字号是我国的重要文化遗产，蕴涵着诚信、道德等中华民族的优秀传统价值观。面对日新月异的社会发展，老字号要保持与时俱进，就必须在原有品牌的内涵基础上加入适应新的时代的文化元素。

进入21世纪，随着现代品牌管理理论的逐渐成熟以及信息技术的快速发展，品牌创新的步伐迅速加快。然而，我们的老字号自进入现代品牌经营阶段以来，还只有20年左右的时间。相比国外上百年的品牌管理实践和品牌文化沉淀，老字号的品牌创新时间确实还太短，在品牌创新管理建设上的投入也还不够；缺乏品牌经营意识、战略性品牌规划、品牌创新管理人才等；经营领域的创新发展也不足，品牌老化现象严重，许多老字号尚未能及时抓住时代特色，为品牌文化注入新的内涵。表4-3为部分中外知名品牌的业务变化情况，这也是品牌是否存在老化现象以及老化程度如何的一个重要指标。

表4-3 部分中外知名品牌的业务变化情况

名称	起家业务	目前主营业务	业务变化情况
同仁堂	中药	中成药、进出口、商业批发	未变
瑞蚨祥	绸布	绸缎、民族服饰、皮货	未变
全聚德	烤鸭	以烤鸭为主的高档餐饮	未变
永安堂	中药	中药	未变
杜邦	火药	化学品	延伸
西门子	烟花	通信、电气	延伸
宝洁	肥皂蜡烛	织物及护理品	延伸
雀巢	奶粉	食品	延伸

资料来源：刘以勇，韩福荣.北京中华老字号品牌寿命研究[J].世界标准化与质量管理，2006（11）.（有删改）。

3.营销创新意识薄弱

《中国自主品牌消费者认知度指数报告》显示，在当前国内自主品牌的阵营中，消费者对中华老字号的总体认知度仅为16.1%。这说明，在信息多维传播的现代社会中，一些中华老字号在某种程度上依然抱有"酒香不怕巷子深"的老观念，未能采取有效的品牌传播手段，让自己的品牌重新享誉全国乃至走向世界。例如，许多中华老字号品牌在现代市场产品的视觉识别方面已显得有些不合时宜。对比麦当劳、可口可乐等国外知名品牌鲜明的视觉识别效果，不少中华老字号长期以来只注重口头传播，而这种单一的传播方式，已经不能适应信息时代的特点。

此外，不少中华老字号在品牌行为识别方面几乎还是一片空白，未能使品牌传播成为沟通品牌和顾客的有力工具。现实中，企业一旦有新品上市，往往要通过一个漫长的渗透期才能使之为消费者所熟悉并接受。理念识别作为品牌运作的核心，是品牌延续和发展的原动力，但当前许多老字号的品牌理念识别仍停留在比较初级的阶段，其品牌形象还比较模糊，尚未能进一步提炼出品牌的核心理念，这对品牌的可持续发展非常不利。

总之，经济全球化不仅使我国经济迅速融入世界经济的行列，而且深刻改变着人们的工作和生活。工作的高效率、生活的快节奏正在不知不觉地改变着人们的传统消费观念和消费习惯。现代人的消费正朝着潮流化、时尚化、名牌化、个性化、便利化等方向发展，消费结构也呈现多样化的趋势。人们购物时不再只看产品质量、价格，而是更看重产品的式样、品牌以及购物环境的便利和快捷等。必须看到，我国老字号和国际知名品牌在品牌资产上的差距仍然很大。因此，老字号必须提升品牌竞争力，才能在日趋激烈的市场竞争中立于不败之地。

二、老字号品牌国际化分析

（一）老字号品牌国际化现状分析

就整体情况而言，目前我国只有少数品牌在国际市场上形成了较强的影响力。绝大多数品牌往往只是体现为一个商标，在国际市场中几乎没有什么认知度、知名度。目前，中国品牌的国际化还处于起步阶段。就我国老字号品牌的国际化发展情况来看，其历程还比较短，在国际市场占有率、品牌知名度和影响力、品牌价值、品牌营销和品牌管理经验等方面与世界百年品牌的差距仍较大。表4-4为国际部分著名老品牌的经营概况。

表4-4 国际部分著名老品牌的经营概况

名称	起营业务	现营业务	业务变化情况
杜邦	火药	化学品	延伸
吉百利	茶叶及咖啡店	糖果、巧克力、饮料	延伸
宝洁	肥皂和蜡烛	日用化学品	延伸
娇兰	香水	香水	不变
西门子	电报技术	通信、电气	延伸
卡地亚	珠宝	钟表、珠宝	延伸
路易·威登	箱包	箱包、皮具、成衣	延伸
拜耳	合成染料	制药、化学品	延伸
雀巢	奶粉	食品	延伸
可口可乐	药店	食品、可乐、饮料	变化
飞利浦	碳丝灯泡	电器用品	延伸
登喜路	马鞍店	服饰、皮具、香水	延伸
香奈儿	女帽	高端皮具、香水	延伸

资料来源：本书根据相关资料整理而成。

当年，我国的老字号品牌正处于从区域品牌、全国品牌到国际品牌的成长过程之中。老字号品牌国际化的进程大致分为以下三类。

第一类，处于全国品牌向国际品牌的过渡阶段，如同仁堂、贵州茅台、云南白药等。这些老字号品牌已经具备成为国际品牌的条件，并开始进行品牌国际化的尝试。这些老字号品牌或是已经逐渐打入国际市场；或是采用品牌随资本输出的方式对东道国进行投资，建立生产或营销机构；或是采用品牌直接输出的形式进行品牌的授权经营，从而在国际市场上有了一定的影响力。目前，这类老字号品牌的数量尚不多。

第二类，处于从区域品牌到全国品牌的发展阶段，处于这个阶段的老字号品牌中的部分也有意开拓国际市场。这类老字号品牌的区域特色非常明显，但规模一般都不大，其整体品牌影响力有限，企业资金实力也往往不足，其品牌国际化的基础尚未完全具备。这类老字号品牌的数量较多，大部分中华老字号都属于此类。

第三类，处于从商品（服务）到品牌的发展阶段。这类老字号大多仍局限在区域品牌的发展阶段，规模很小，且往往是单店经营。这类老字号企业尚未充分意识到创建国际品牌的战略意义，其品牌国际化的条件尚未具备。这类老字号品牌的数量也比较多，尤其是一些小的区域性老字号，大都属于此类。

就行业分布而言，食品加工、餐饮住宿、医药卫生类的老字号进行品牌国际化经营的时间通常已比较长，其品牌国际化的程度相比其他行业的老字号而言也较高。就地域分布而言，北京、上海、浙江、山东等地的老字号数量较多，品牌价值较高，企业自身综合实力较强，地方政府对其重视程度和支持力度也较大。因此，这些地区的部分老字号企业，如北京的同仁堂、全聚德，上海的恒源祥等，率先走上了品牌国际化的道路。

从老字号品牌在国际市场的分布来看，其大多集中在具有共同文化渊源或文化背景较为接近的市场中。例如，大多数开始进行品牌国际化的老字号企业会首先选择我国香港地区作为率先开拓的市场，其次选择国外华人分布较密集的地区，如印度尼西亚、泰国、马来西亚、新加坡等。此外，美国、加拿大等国（尤其以这些国家里华人聚集的"中国城"为主），以及澳大利亚和新西兰等地也是我国老字号重点培育、开发的目标市场。但是从整体情况来看，我们的老字号品牌尚未完全进入欧美等发达国家的主流市场。

可见，总体而言我国老字号品牌的国际化发展仍处于起步阶段。从品牌国际化的成长路径来看，当前大多老字号品牌仍处于从区域品牌到全国品牌的过渡阶段，与其他知名国际品牌的差距还很大。

（二）老字号品牌国际化动因分析

经济全球化早已不是一个新鲜事物，这种现象经过长期发展和不断深化，正时刻影响并改变着世界上每一个经济活动参与者。经济全球化的背后，也离不开互联网的广泛应用和蓬勃发展。诸如大数据分析等新的信息技术手段，以及交通、物流、通信等的效率提升和其他各方面的发展进步，都影响着经济全球化的深度和广度。

当前，中国已成为经济全球化的重要参与者，除做好"引进来"工作外，更为重要的是鼓励中国企业走出国门，参与经济全球化的进程。企业只有"走出去"，才能在生产要素跨国界流动、蕴含巨大市场潜力的经济全球化大潮中谋求更为丰厚的利润。包括老字号在内的各类中国企业，也只有通过国际化才能不断增强核心竞争力，进而参与更深层次的经济全球化进程。

国际化有利于企业进行海外研发，促进创新并培育品牌，提升企业的国际竞争力。研发工作在企业发展中意义重大，真正有实力的成功企业，都在研发上投入了大量时间和成本。"走出去"战略的实施，有利于企业利用全球范围内的比较优势，设计出更符合本地市场需求的产品和服务。企业通过海外研发工作，可以准确分析当地市场的需求，并生产出有利于打开当地市场的新产品。另外，海外研发也能使企业更好地利用当地的优质人力资源、先进技术等，从而为企业的技术创新打下坚实的基础。通过研发得到的新技术，能够从根本上提升企业的竞争优势；生产更加符合当地市场需求的新产品，也能使企业逐渐培育自主品牌，从而为其更深入地进军国际市场提供支持。

图4-1为中国企业品牌国际化的动因分析。

如图4-1所示，根据调查结果，企业推动品牌国际化的动机，首先，是获取现实或潜在的市场经济利益，即海外业务能够为其带来更多发展机会和更高业务收入；其次，是期望获得规模经济效应，使产品具有一定的国际竞争力；再次，是响应政府的政策导向，以获得更多的政府支持；最后，是国内市场竞争的倒逼，随着国内竞争的日趋激烈以及国内市场增长速度的放缓，一些企业希望寻求国际广阔市场的蓝海。

动因	比例
海外业务带来更多发展机会	20.3%
海外经营带来更高业务收入	16.9%
产品具备一定的国际竞争力	16.4%
期望获得全球规模经济效应	12.6%
政府的鼓励和支持	10.2%
增加与国际品牌的合作机会	9.7%
国内市场竞争日趋激烈	6.3%
国内市场增长缓慢	3.4%
其他	2.7%
分散经营风险	1.5%

图4-1 中国企业品牌国际化的动因分析

资料来源：韩中和.中国企业品牌国际化实证研究[M].上海：复旦大学出版社，2014.

老字号品牌国际化的动因与上述企业推动品牌国际化的动机有相似之处。当然，老字号整体发展情况差别较大，其品牌国际化的情况也很不相同。例如，品牌国际化的目标已经成为同仁堂、全聚德、贵州茅台、云南白药等知名老字号品牌的内在驱动力，而对于大多数老字号品牌而言，品牌国际化若要成为其现实选择，则需要国家政策的大力支持。

（三）老字号品牌国际化的可行性

人类命运共同体思想自提出以来，随着"一带一路"倡议等全球合作理念与实践而不断丰富，逐渐为国际社会所认同，成为推动全球治理体系变革、构建新型国际关系和国际新秩序的共同价值规范。在这样的背景下，包括老字号在内的中国企"业走出"去的步伐和范围也随之加大，不论是从宏观还是微观层面，从老字号自身角度还是国内国际的形势来看，老字号品牌的国际化都具有可行性。

老字号的产品（服务）能够满足国际需求，这成为老字号品牌国际化的前提之一。消费者对一种产品的消费需求超出了国界，便出现了国际需求。国际需求为品牌进入国际市场提供了机会。

从国际需求的角度而言，老字号企业具有较强的品牌国际化优势，主要表现在：一是大多数企业在国内市场上具有较高的认可度，具备了品牌国际化的前提；二是老字号品牌的产品（服务）对消费者而言，除了具有功能性作用之外，还具有情感性作用。老字号品牌产品（服务）历史悠久，具有独特的风味和品牌特色，使消费者在满足自身功能性需要的同时，还能品味产品之中的文化元素，从而满足精神文化层面的情感性需求。

综上，国内市场对老字号品牌的需求相对容易被转移至国际市场。因此，老字号可在国外寻找与国内需求基本相同的细分市场，进一步扩大品牌影响力，这样也可使老字号的品牌价值得到进一步提升。对此，老字号企业可以通过品牌许可或特许经营等方式，发挥品牌无形资产的作用，直接将品牌输出，形成国际化的品牌。相比新品牌而言，老字号品牌更容易形成国际需求的转移，并且其中的一些品牌已经具有成长为国际品牌的条件。相信经过不懈努力，我国的老字号中一定能产生著名的国际品牌。

国际品牌的差异性十分明显，都具有独特而鲜明的品牌个性。老字号自身的一些独特优势恰恰有利于塑造差异性，展现品牌个性，从而具备成为国际化的品牌潜质。这些优势主要表现在老字号品牌深厚的文化底蕴之中。老字号之所以能够发展到今天，说明其自身具有较强的竞争力，具有独特的品牌优势和独特的文化背景。可以说，几乎每一个老字号背后都有一个吸引消费者目光的、充满传奇色彩的品牌故事；也可以说，每一个老字号都是一部创业史，这些历史和文化的积淀完全有可能成为其竞争优势的重要来源。对此，老字号企业可以更多地用文化输出的模式来推广老字号，找到老字号品牌文化、中华文化及西方文化的衔接点，提高不同市场上的消费者的情感收益，加强其文化价值认同，从而扩大品牌影响力，占领国际市场。

千百年来，老字号"诚信为本"的经营理念深入人心。在国内消费者的观念中，老字号是质量和信誉的见证。老字号在发展的历程中，通过长时间的岁月积淀和历史检验，凭借以质取胜、以诚待人、以信接物、以义为利的理念，如便宜坊"方便宜人，物超所值"的经营理念，深得消费者的喜爱，得到了广泛的社会认同和赞誉。

长期以来，老字号在没有或者投入少量广告宣传和公关成本的情况下，凭借其诚信为本、仁德至上、诚实待客等经营原则和经营风格便能赢得顾客的信任和忠诚，足以见证其"诚信为本"的经营理念已经深入消费者人心。在现代国际市场竞争中，诚信永远是市场竞争中的不变之法，"诚信为本"是老字号的立身之本，也是老字号企业开展品牌国际化的一个强有力的优势。

"一带一路"倡议助力老字号企业走出去。"一带一路"倡议自提出以来，已迅速成为全球新环境、中国新常态的历史新发展时期里凝聚中国人民乃至世界人民的重要指针。"一带一路"倡议中所提出的增强互联互通、加快文化交流、实现经济共荣、优势互补等路线图，对于享誉中华的老字号企业而言，是走向全球的有利条件。

老字号作为中国文化软实力的重要体现，是弘扬优秀传统民族文化的重要载体。从国际层面来看，中国的价值观和生活方式正越来越影响着世界。目前，中国共有1.53万家企业在境外投资，设立了2.54万家境外机构，分布在全球184个国家和地区。因此，老字号应利用好质量、诚信和文化的传承，深挖当代的创新元素，进一步深耕国内市场并开拓国际市场，以获取更大的发展，成为中国品牌走出去的一面旗帜。

（四）老字号品牌发展的空间选择和进入模式

老字号在品牌发展的空间选择和模式选择上，具有与普通企业相一致的共性，同时也具有其自身的一些特点。

1.老字号品牌国际化的空间选择

老字号品牌进入国际市场时，需要根据产品特点、品牌知名度、资金和人才积累等自身情况选择所进入的具体目标市场和进入的模式。从老字号品牌国际化的国别选择上看，以往主要有两种模式：一是通过直接投资或者跨国并购等方式直接进入欧美发达国家和地区，以此提升品牌形象，然后再顺势全面进入发展中国家和地区，即"先难后易"模式；二是先进入东亚、东南亚等一些发展中国家和地区，通过一段时间的国际化经营经验积累，再曲线进入欧美等发达国家和地区，即"先易后难"模式。

资料调查显示，多达51%的老字号企业选择的是"先易后难"的模式，只有16%的企业选择"先难后易"的模式。还有少量企业根据自身经营特点，选择只在发展中国家和地区或者只在发达国家和地区进行经营的模式，即有目的性地选择几个海外市场，而不进行全面的品牌国际化。目前，除了少数老字号头部企业致力于布局全球市场之外，大部分老字号在品牌国际化的空间选择上的特点是：一方面，伴随其他中资企业走出去而走出去，以满足中资企业雇员在他国生活、工作时的需求；另一方面，许多老字号企业更愿意在中华文化辐射圈内进行目标市场的选择，如选择新加坡、韩国、日本等作为目标市场。

2. 老字号品牌国际化的模式选择

企业进入国际市场有不同的模式，如直接出口、贴牌生产、直接投资等。根据老字号品牌的特点，还可以采用品牌授权、战略联盟、跨境电商等模式。表4-5为当前老字号品牌国际化过程中常用的模式选择。

表4-5 老字号品牌国际化的模式选择

模式	企业规模	品牌影响力	备注
出口贸易	较大	一般	标准化产品
贴牌生产	较大	较大	标准化产品
海外分销	一般	较大	标准化产品
海外建厂	很大	较大	标准化产品
跨国并购	很大	较大	标准化产品
品牌授权	一般	很大	标准化产品
战略联盟	一般	较大	标准化产品
跨境电商	较大	较大	标准化产品

资料来源：本书根据有关资料整理而成。

老字号品牌国际化的模式选择，与所有权控制程度、目标国家文化差异、企业资源禀赋、品牌影响力等多种因素相关。不论是进入发达国家和地区还是发展中国家和地区，大部分老字号品牌的国际化经营都源于品牌文化的交流与认同，且始于出口贸易。

如果老字号企业的规模和经济实力雄厚，可以采取海外建厂和跨国并购等模式，直接进入国际市场。如果老字号的品牌文化独具特色，品牌影响力较大，可以采用品牌授权或者战略联盟（合作）等模式进入国际市场。随着跨境电子商务的发展，对于经营规模比较小的老字号品牌而言，通过速卖通、敦煌网等跨境电商平台将产品售往全球市场，也是一种行之有效的品牌国际化模式。

三、老字号品牌国际竞争力的提升

所谓竞争力，是指市场经济中企业竞争的参与者通过竞争而体现出来的优势或综合能力。与竞争力相关的概念有很多，不同的竞争力概念从不同角度指出了企业在市场竞争中的各种情况。

品牌竞争力是从品牌战略管理的角度提出的一个概念，指的是在一定的市场环境中，企业拥有的塑造强势品牌并支持强势品牌持久发展的能力。这一能力是企业在长期的品牌管理实践中逐渐积累并整合企业品牌管理中各项技能而形成的。品牌竞争力的获得，使企业能以比同类产品更高的价格出售自己的产品，以同样的价格占据更大的市场空间。即使在市场低迷和价格竞争的环境下，品牌企业也能在激烈的市场竞争中生存和发展。

品牌国际化是指企业在国际市场，尤其是主流国际市场创建品牌和积累品牌资产的过程。品牌国际化是品牌经营和发展的高级阶段，指品牌企业在全球范围内实施研发设计、生产制造及销售活动。在此基础上，品牌名称和标识进入国际化经营的国家和地区，不断传播、渗透和创建品牌形象。

品牌国际竞争力是指在全球市场范围和在开放的市场环境下，企业拥有的塑造强势国际品牌并支持该国际品牌持久发展的能力。老字号的品牌历史悠久，拥有世代传承的产品、技艺或服务，具有鲜明的中华民族优秀传统文化背景、深厚的文化底蕴和鲜明的地域特色。老字号品牌的国际竞争力就是老字号品牌拥有的塑造强势国际品牌并支持该国际品牌持久发展的能力。

（一）老字号品牌的国际竞争力分析

品牌竞争力是一个综合概念，老字号品牌竞争力也有老字号自身的特点。可以从老字号品牌竞争力中分解出与之相关的"十个力"（见图4-2），分别是产品力、文化力、资本力、联想力、区隔力、创新力、传播力、渗透力、延伸力和溢价力。其中，产品力是指包括产品质量、价格、服务等通过产品自身特性体现出来的竞争优势；文化力是品牌体现出来的文化特性所带来的竞争能力，是老字号品牌重要的特征；资本力是品牌所属企业的人力、财力等资本为品牌带来的竞争能力；联想力是品牌能够给消费者带来品牌联想的程度，可以通过品牌联想度等指标来反映；区隔力是通过品牌定位和品牌个性所表现出来的差异性，差异性越大，区隔力越大；创新力是企业进行技术创新、市场创新和管理创新的能力；传播力是品牌利用各种传播渠道迅速向市场传播品牌信息的能力；渗透力是品牌跨越国界、跨越文化的穿透力，可以通过品牌跨越国界的多少、品牌文化的冲突情况等来反映；延伸力是品牌横向和纵向延伸出新品牌的能力；溢价力是品牌比一般品牌能够创造更多价值的能力，其主要通过品牌产品价格和品牌资产的价值来体现。

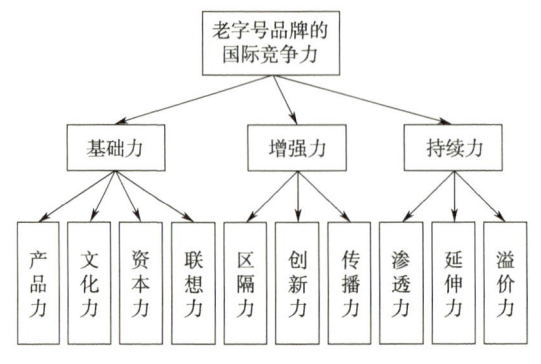

图4-2 老字号品牌国际竞争力的分解

由图4-2可知，老字号品牌国际竞争力中的前四个力可统称为"基础力"，其确定了老字号品牌进行国际化的可能性：具有适应国际市场的产品，具有文化认同区域，具有经济基础，在目标市场所在地能引起消费者丰富的联想。"区隔力、创新力、传播力"则是老字号品牌国际竞争力中的"增强力"，其能够体现目标市场所在地消费者需求的差异性，能够根据目标市场所在地的外部消费环境进行创新，实现国际市场范围内协调一致的品牌传播。后三个力是决定老字号品牌国际化是否可持续的力量，即"持续力"，其助力老字号品牌跨越不同国家、不同文化进行渗透，在产品品类上进行不断延伸，从而获得高出市场平均水平的超额收益。

随着经济全球化进程的加快，企业之间的竞争迅速趋于国际化，品牌作为企业之间相互竞争的核心内容，其国际化已经成为一种必然的趋势。因此，通过品牌国际化提升自身的经营能力，获得持久发展的竞争优势，已成为老字号品牌（尤其是龙头品牌）可持续发展的一种现实选择。

（二）老字号品牌提升国际竞争力的具体路径

一般而言，老字号品牌国际化基本遵循这样的成长路径：以老字号特色产品或服务为基础，先成为区域老字号品牌，再发展为全国老字号品牌，直至成为国际知名品牌。在这个演进路径中，品牌力的逐步增强是品牌成长的主要表现。老字号品牌国际竞争力提升的具体路径如下。

1.战略性选择品牌国际化的各种要素

老字号品牌国际化的主要问题之一，是如何在国际市场上讲好品牌故事，续写老字号的品牌传奇。由于文化、语境等的不同，老字号品牌国际化的基础之一，就是要打造老字号的品牌国际化元素。这些元素包括老字号品牌国际化的视野、兼具本土化和全球化的老字号品牌精髓、老字号品牌的国际命名和老字号商标的国际注册等。

（1）老字号企业的管理层需要具有品牌国际化的视野，积极组织参加国际博览会、国际论坛、国际交流会等。例如，日本的老品牌龟甲万早在1868年就已经开始进行跨国营销，将一桶桶酱油运往美国的夏威夷和加利福尼亚，供应当地的日本移民。为了进一步打开美国市场，龟甲万还为美国人量身定做食谱。针对美国人最易接受的食品，龟甲万先测试哪些烹饪方法适合用酱油，然后编制成食谱和烹饪书，以此来介绍龟甲万酱油，并通过举办烹饪比赛、成立烹饪教室等方式吸引美国消费者购买龟甲万酱油。这种曲线销售的办法，不仅令美国消费者迅速接受了龟甲万的酱油，而且将其酱油工厂和食谱进一步扩张至欧洲。与此同时，龟甲万非常敏锐地注意到参加世界博览会对品牌传播和营销的重要意义，并在1879年的澳大利亚悉尼世界博览会和1883年的荷兰阿姆斯特丹世界博览会上均获得优质产品的推荐证书。如今，打着"让人与人之间更亲近的好滋味"口号的龟甲万酱油已在全球飘香。

（2）老字号企业需要兼具本土化和全球化的老字号品牌精髓。老字号品牌在全球化传播中，在把握全球消费者的共性、贴近不同文化区域消费者的同时，还要巧妙融入老字号品牌的民族特性，以体现品牌的独特个性。在品牌的跨国传播中，一般会应用全球化、本土化或凸显民族性等策略选择。从心理距离角度看，民族性突出的是品牌母国的个性，着眼于品牌所在国与目标市场国文化的"异质性"，其心理距离较远；全球化着眼于不同地域消费者的"同质性"，其心理距离适中；而本土化看重与目标国文化的贴近，其心理距离较近。在品牌传播中，老字号应找到与全球消费者的共同语言，在尊重各民族特性的基础上开展传播，拉近与国际公众的心理距离。

（3）进行老字号品牌国际命名和老字号商标的国际注册。老字号国际化命名也是其品牌国际化的一项基本工作。例如，可口可乐首次进入中国市场时，其英文名（Coca-Cola）的中译为"蝌蝌啃蜡"，令中国消费者不知所云。后来，当其被翻译为"可口可乐"这个易读易记易传播的名称后，很快就为国人所熟知。此外，老字号品牌在国际化的过程中还要高度重视商标的国际注册，这也是开展品牌国际化和进行品牌保护的前提。

2. 不断开发满足国际市场需求的产品

老字号产品具有浓厚的地域和本土化特色，因此需要不断创新以满足国际市场的不同需求。

例如，肯德基自进入中国之初就对中国市场的特殊性特别重视，其对中国文化特点和消费者习惯进行了深入的研究和调查，认识到中国市场与西方欧美市场存在较大的不同，并决定"入乡随俗"。为此，肯德基不断致力于满足中国人的消费需求，开发和加入了许多符合中国人消费习惯的产品，如油条、老北京鸡肉卷、玉米沙拉、芙蓉鲜蔬汤、番茄蛋花汤、川香辣子鸡、香菇鸡肉粥等。

又如，同仁堂为了使海外患者能够接受汤剂，想了各种办法，包括在鼻子下边涂香水，服用后吃巧克力等。为了方便海外患者，同仁堂对所有涉及出口的产品包装、说明书都进行了全面梳理，并翻译成国外患者能够看懂的各种文字。此外，还推出更方便服送的小蜜丸、浓缩丸等。同仁堂在进军日本市场初期，虽然拿到了订单，但以当时同仁堂的生产工艺、设备条件，均无法达到日本市场对农药残留、重金属含量等的严格要求。同仁堂以此为动力，对生产系统进行了全面升级。就这样，在国际化的洗礼下，同仁堂更好地实现了现代科技与传统工艺的结合，在不影响品质的前提下，做到了在继承中进行创新。

再如，东来顺香港饭庄于2004年开业后，因地制宜，融合当地特色，并引入淮扬菜系，创新菜品，深受民众喜爱。2015年10月，东来顺在铜锣湾开设第二家连锁店后，推出了堂弄菜式，即席为客人当面烹煮，以增加消费者体验。

3. 全媒体多种途径传播老字号的文化

以北京老字号为例，其是首都文化、皇城文化、京味文化的活化石，有着独特的文化魅力。北京老字号的品牌发展与首都北京全国文化中心建设存在诸多内在关联。通过北京老字号品牌的继承和创新，强化品牌传播，积极鼓励老字号品牌走出去，不仅能够提升老字号的品牌发展水平，而且是推动北京全国文化中心建设的重要内容和途径。

同仁堂在国际化的过程中，把"坐堂医生"这一中国传统药店的特色也带到了海外。每一家同仁堂的海外门店都是一座中医药文化博物馆：医师们用疗效说话，征服了许多的当地患者；药店工作人员积极利用当地媒体宣传中医药知识，向当地居民传授太极拳、八段锦、五禽戏等健身方法，并且开办中医药文化讲座。

4.加强品牌组合管理，助推品牌国际化

通过品牌联合可以更好地助推老字号品牌的国际化进程。一般而言，品牌国际化的首选区域是品牌文化的深度认同区。例如，同仁堂的产品在我国香港地区有很好的口碑，同仁堂便把我国香港地区作为其品牌国际化的跳板。便宜坊也把我国台湾地区作为其品牌国际化的首选区域，走出了一条先"走过去"，再"走出去"的品牌国际化之路。

为了保证成功率，老字号在品牌国际化的初始阶段，可以通过品牌联合的方式进行国际化。例如，可口可乐进入中国市场时就选择了与选择与中国粮油进出口总公司进行品牌联合。1978年12月19日，中美宣布正式建交的第二天，可口可乐公司便在美国正式宣布重返中国，并与中国粮油进出口总公司签订了协议。根据协议，可口可乐在中国内地的第一家装瓶厂，由中方提供厂房，可口可乐则赠送一条先进的生产线进行产品生产。又如，北京便宜坊集团与位于我国台湾高雄的河边餐饮集团进行了品牌联合，以此进入台湾市场，并在高雄开设了第一家北京烤鸭店。

5.正确处理品牌本土化与全球化关系

当一个老字号品牌开始超越国家的地理和文化限制而在世界范围内开展品牌运营时，其品牌就进入了国际化阶段，开始成为国际品牌。国际品牌的主要特征有以下两个。

一是进入跨区域、跨文化的复杂市场时，品牌延伸力会增强。在品牌国际化阶段，品牌开始进入其他国家和地区，利用原有的品牌资产来创造新的品牌资产。来自不同国家和地区的品牌资产，反过来又会丰富老字号原有的品牌资产价值，使其生命力越发强劲。品牌资产的地域延伸不仅能够提升品牌的经济基础,而且能够通过在多个国家和地区进行品牌经营的方式,建立起老字号业务遍及全球的领导形象、体现并包容市场多样性的价值主张和打造世界级的品牌管理体系。

二是新市场与老市场联动,可使整体品牌的溢价力增强。在品牌国际化过程中,通常会遵循"雁行理论"的原则,在全新的国际市场中进行品牌建设并不总是与原有的国内市场同步,后者常常会落后于最新的竞争态势。也就是说,新市场的今天往往是老市场的昨天,这就为竞争者创造了重新洗牌的巨大机会。老字号可以通过对过去经验教训的总结而在新市场上先发制人,从而改写在原有市场上无法挽回的损失。总之,老字号在全球范围内开展品牌建设时投入的资源和努力,能够创造持久的、强大的、不易仿效的、具有竞争价值的品牌优势。

第五章 老字号创新与发展的对策建议

一、老字号传承与创新发展政策举措回顾

自2006年启动"振兴老字号工程"以来，为弘扬中华优秀传统文化，促进中华老字号传承发展，商务部会同相关部门围绕"建立老字号保护体系、促进体系和挖掘老字号内涵"开展了一系列工作，具体如下。

2006年，商务部认定第一批中华老字号。

2008年，商务部等14部门发布《关于保护和促进老字号发展的若干意见》。

2017年，商务部等16部门联合印发《关于促进老字号改革创新发展的指导意见》，建立中华老字号动态管理机制，完善中华老字号名录。

2018年，商务部起草了《中华老字号认定管理办法（征求意见稿）》。

2019年，由中宣部、商务部统筹策划，北京市商务局指导支持，中央广播电视总台拍摄制作的《中华老字号》纪录片在中央电视台中文国际频道播出，全方位、多角度传播中华老字号的文化精髓，弘扬中华传统商业文化的核心价值。

2022年1月，商务部等8部门联合印发《关于促进老字号创新发展的意见》，对"十四五"时期老字号工作进行了系统部署，明确了重点任务，健全了政策保障，要求各地健全老字号保护、传承、创新、发

展等四个体系。

2022年12月，商务部、文化和旅游部、国家文物局联合印发《关于加强老字号与历史文化资源联动 促进品牌消费的通知》，围绕加强老字号历史文化资源挖掘、促进老字号历史文化资源利用以及不断激发品牌消费潜力等三个方面提出具体任务，以着力提升老字号与非遗、文化、博物馆等历史文化资源的联动、融合、发展水平。

2023年1月，商务部等5部门印发《中华老字号示范创建管理办法》，坚持"优中选优"的工作原则，实施"有进有出"的动态管理，促进老字号创新发展，充分发挥老字号在商贸流通、消费促进、质量管理、技术创新、品牌建设、文化传承等方面的引领作用。

与此同时，各地也制定了一系列促进老字号创新发展的政策。如北京市委、市政府及商业主管部门重视北京老字号的保护、传承和发展振兴工作，通过建立政策支持体系、搭建宣传服务平台、弘扬老字号传统文化、振兴老字号系列工程、加大老字号品牌保护、建设公共服务平台、推动创新发展等多项政策举措，推动北京老字号创新发展与国际竞争力提升。

（一）构建政策支持体系

以北京市为例，北京市先后出台了老字号非遗保护、专项资金支持、企业制度改革、人才建设支持等一系列政策措施，以促进北京老字号的保护、传承与创新。

一是北京老字号支持政策。2002年9月，《北京历史文化名城保护规划》发布，明确提出"传统商业街区的保护与改造"和"老字号的恢复和保护"等任务，北京老字号的保护和发展问题走上了法治保护的轨道。

二是北京老字号资金支持政策。2005年，北京市商务委员会（以下简称"北京市商务委"）出台的《北京市商业流通发展资金使用管理办法》，首次明确把"支持传统商业升级、改造，用现代流通技术改造传统商业和老字号企业"列为上述资金的使用范围，初步建立了促进老字号振兴发展的资金支持渠道，对老字号的支持从单一保护研究发展到财政资金支持并举阶段。2006年3月，北京市商务局发布《促进北京市商业服务业老字号发展专项资金使用管理办法》。该办法提出，北京市商业服务业老字号发展专项资金由市财政在本级预算中安排，使用对象为北京市商业服务业老字号，主要用于保护老字号知识产权，促进老字号品牌发扬光大等方面。

三是北京老字号企业制度改革政策。在北京市委、市政府的领导和支持下，2007年5月10日，北京市商务委与市国资委联合印发《关于加快国有老字号企业改革发展的指导意见》，提出鼓励和支持老字号企业技术和产品创新、实现现代化品牌发展、深化企业体制机制改革等方面的政策和资金扶持措施，要求加快国有老字号企业股份制改革，提出力争在"十一五"期间，重点培育20家竞争力较强的老字号企业，对于主业突出、核心竞争力强的市属老字号企业，从国有资本收益中安排一定的资本金注入以实现股权结构优化。北京老字号企业改革进程由此进一步提速。以张一元茶叶公司为例，改制前的1992年，该公司年销售额800多万元；彻底改制后，其在2006年已经实现3.4亿元销售额。2007年，北京市商务局会同市国资委重点推进8家国有老字号企业改制和深化改革。具体包括：全聚德在原改制基础上进行二次改制，减持国有股，争取上市；确定红都、全素斋、浦五房的改制方案，并有计划、有步骤地推进；等等。

四是老字号人才建设支持政策。在加快老字号企业改革、改制的基础上，自2009年起，北京市进一步加快了老字号中华传统技艺高技能人才队伍的建设。同年4月28日，北京市商务委、北京市人力资源和社会保障局、北京市人民政府国有资产监督管理委员会、北京市总工会等四部门联合发布的《关于北京市商业服务业中华传统技艺高技能人才队伍建设工程的实施意见》（北京务交字〔2009〕32号）提出，将遵循"政府积极引导，依托行业组织，突出重点行业，挖掘培养并重"的基本思路，通过实施"2050人才工程"，促进传统技能技艺传承与发扬，加快传统技能技艺改革与创新，鼓励具有特殊专业技能的人才开展"传帮带"活动，建立科学、高效的中华传统技艺高技能人才选拔培养机制，促进有志青年学习、继承和发展中华传统技能技艺，促进就业和社会的和谐稳定，促进首都经济社会的可持续发展。该意见还提出，计划用3年时间在全市商业服务业共认定60名中华传统技能技艺大师，大师带徒150名。同时提出，建立和完善大师工作室；以北京财贸职业学院为依托，建设北京市商业服务业中华传统技艺高技能人才培养基地；设立北京市商业服务业高技能人才保护发展资金等传承培养目标。

在2010年1月15日举办的认定大会上，第一批20位中华传统技能技艺大师正式签订了带徒协议承诺。2018年5月，北京市商务局等6部门印发《关于推动老字号餐饮技艺传承、保持原汁原味工作方案》，围绕老字号餐饮技艺传承人的评价、使用、选拔、激励等关键环节，建立老字号餐饮技艺传承人培养工作机制。2018年12月，北京市政府办公厅印发《关于推动北京老字号传承发展的意见》，提出实施老字号固本强基、文化弘扬、品牌保护、创新发展、改革增效等5大工程，计划5年内认定100名北京老字号工匠，并促使经营规模超过10亿元的老字号企业达到20家以上。

（二）搭建宣传服务平台

以北京市为例，北京市政府主管部门搭建的宣传服务平台有以下几类。

一是支持老字号企业参与国内重大会议服务保障。在北京双奥、世博会、亚太经合组织（APEC）会议等重要活动期间，以全聚德、华天、张一元、吴裕泰、珐琅厂、龙顺成等为代表的老字号企业提供了优质的产品和服务，提升了品牌知名度。

二是鼓励老字号企业走出国门，扩大老字号品牌影响力。举办老字号国际化发展论坛、老字号餐饮传承发展论坛，组织企业赴海外考察学习，开展老字号企业海外维权培训会、技术壁垒座谈会等，为企业提供"一企一策"解决国外技术难题的渠道和途径。同仁堂、全聚德、便宜坊、庆丰、东来顺等老字号已先后走出国门，成功进军海外市场。

三是推动商旅文结合，推广老字号品牌。举办中国（北京）中华老字号博览会、首都国门展、"记忆·传承"老字号专题展等活动，组织老字号企业参加科隆中国年、世界旅游经济论坛、贝尔格莱德北京日、亚欧博览会、京交会、广交会、渝洽会、海博会等展会论坛，开展"寻找原汁原味北京老字号"促消费活动，组织消费者近距离体验老字号，展示老字号文化和传统技艺，等等。北京市东城区商务委员会主办的第六届北京王府井国际品牌节活动之中华老字号技艺展，通过品牌汇聚区、老字号地图虚拟现实互动区、非遗技艺表演区、产品展示区等，使中外参展人员深入领略了北京老字号的风采。

四是组织开展老字号发展品质及影响力提升类主题活动。开展"老字号餐饮技艺传承人座谈会""老字号品牌国际保护论坛"等活动，鼓励老字号技艺传承发展，扩大老字号品牌影响力。开展老字号企业知识产权保护系列培训活动。例如，北京市西城区商务委员会等有关部门，针对老字号如何加强知识产权保护和如何进行维权等问题，开展了系列培训和座谈交流活动。

五是通过新闻媒体加强对老字号的宣传推介。央视中文国际频道与商务部联合打造的大型系列人文纪录片《中华老字号》于2019年播出，《北京议事厅》等电视栏目也加大了对老字号品牌的宣传力度。

六是通过新进技术应用提升老字号展示体验功能。目前，囊括200多家北京老字号品牌门店360度全息影像的"北京老字号消费地图虚拟现实版"已经上线，用手机通过地图扫码和虚拟现实设备配合，就可以直接看到各老字号品牌门店内的完整样貌，并可以一键导购，从而大大提升了消费者对北京老字号的关注度。

（三）弘扬老字号传统文化

以北京市为例，其采取积极措施，不断加大老字号品牌保护力度，深入挖掘老字号的文化与无形价值。

一是专项资金支持。在商业专项资金中安排一定数额的资金，用于支持老字号企业在建立传承人工作室、修建博物馆、修缮老店原址、恢复店铺传统风貌、整理历史文化资料、挖掘文化内涵等方面的投入，促进老字号文化遗产的传承与创新。目前，全市已有47家老字号企业建立了博物馆或非遗展厅。

二是积极对老字号传统文化进行宣传。自2006年以来，连续10多年在非遗日期间开展专题活动，展示北京老字号传统文化，形成了一批北京老字号非遗权威性文献，编辑出版了《原汁原味北京老字号餐饮篇》《原汁原味北京老字号食品加工篇》（画册）和"老字号·新故事"传承人系列丛书等。

三是开展丰富多样的活动。深入市民生活，立体式展示北京老字号。开设了《寻找原汁原味北京老字号》《北京老字号新说》等电视台栏目和《传承中的北京老字号》等广播节目，组织北京老字号网上微访谈，开展老字号进校园、进社区、进商场等多项活动，多渠道、多方式讲授和展示老字号传统技艺和文化内涵。持续不断的宣传，使老字号传统文化得到了有效的传播和推广。

（四）振兴老字号系列工程

以北京市为例，2004年，北京市商务委启动"振兴老字号系列工程"，作为该系列工程的一部分，已推出"老字号寻亲工程""老字号升级工程"等。同年6月，吴裕泰公布启事寻找老顾客，通过建立客户信息档案提升顾客忠诚度；内联升升级工程启动，聘请专业顾问公司定制内联升连锁经营体系。

2004年12月，北京市商务委召开老字号企业发展研讨会，首次提出推进老字号企业产权制度改革，以及推动老字号企业导入连锁经营体系，提升连锁经营水平，实现规模化发展等重要举措，并提出建立北京老字号企业服务中介体系、信息支持体系以及资金支持体系等基本方向。

2005年5月，作为"振兴老字号系列工程"的延续，北京市启动了"老字号年轻化工程"，全市近30家老字号企业参加了启动仪式。北京市的老字号年轻化工程分为以下两个方面。

一是优化发展环境。启动对老字号的摸底调查，统计、分析老字号企业经营现状，当年完成《促进北京老字号振兴发展工作情况的报告》。该报告对北京老字号发展历程进行总结，并提出今后北京市在促进老字号振兴发展方面的主要工作内容；社团、专家、企业三位一体，共同为政府提供决策依据，创造良好环境。在社团、企业和媒体的共同配合下，北京市于2005年底评选出一批本地优秀老字号企业。

二是推进老字号发展。例如，推广便宜坊烤鸭集团通过整合企业内部资源，推进企业技术年轻化、管理年轻化、人力资源年轻化、企业文化年轻化的经验；在老字号自愿的前提下，积极、主动推进ISO 9000、ISO 14000等现代管理模式在老字号群体中的普及，组织专家为老字号进行咨询会诊，提升老字号的整体发展水平；北京市商业企业管理协会、北京市连锁经营协会等联合对北京老字号企业进行深入摸底调查，组织相关专家为老字号出谋划策，深入挖掘老字号品牌潜力；配合上级主管部门，组织各方力量，在具备条件时，恢复仍有市场潜力的老字号企业的经营。

2005年，北京市出台《北京市服务业迎奥运三年行动计划》，提出要"采取不同措施促进不同行业、不同发展水平的老字号企业发展"。按照该行动计划，北京市重点加强了对有发展潜力的京城老字号企业的扶持，先后对同仁堂、全聚德、东来顺、张一元、吴裕泰、内联升、六必居、便宜坊、鹤年堂等40家左右历史悠久、文化独特、经营管理模式先进、影响广泛的老字号企业进行推介。

2006年5月，北京市又通过公开招标，由政府出资结合企业自筹等方式，委托社会权威咨询机构为老字号企业开展一对一诊断和战略咨询活动。先后为月盛斋、王致和、大明眼镜等10余家企业开展战略咨询活动，帮助老字号企业应对市场挑战，提高市场竞争力。与此相配套，"十一五"期间，北京市安排专项资金近亿元，支持老字号开展提升传统工艺科技含量、发展连锁经营、建设现代物流配送中心等100多个项目。

2006年12月，北京市政府召开促进老字号振兴发展工作座谈会，时任北京市委副书记、市长王岐山指出，政府部门要积极转变职能，努力创造有利于老字号健康科学发展的良好环境，推动和促进老字号体制机制改革和创新。政府部门要高度重视老字号的发展，帮助老字号抓住奥运机遇，创新产品、创新服务。

（五）加大老字号品牌保护

以北京市为例，自2007年起，北京市商务局经市政府批示，积极采取措施，加大对老字号商标的保护力度，支持老字号企业积极拓展海外市场，并于2008年初启动了"老字号商标海外注册工程"，支持具备条件的老字号企业进行海外商标注册，为老字号企业走出国门、拓展海外市场创造基础条件。此外，北京市还先后以"中国企业如何利用马德里体系进行海外商标注册""老字号企业的商标和无形资产保护"等为专题组织了三次讲座，介绍了通过世界知识产权组织（即马德里体系）申请国际商标注册的程序和方法，通过一种语言、一份申请书、缴费一次，即可申请国际商标注册，并具有费用低、手续简便、效率高、延伸性好的特点。同时，北京商标协会与中介机构等通过走访企业、现场调研、考察咨询等多种方式，为老字号提供商标保护方面的政策和法律咨询服务，先后帮助百花、稻香村、白魁老号、聚德华天、红螺、瑞蚨祥、戴月轩、东来顺、盛锡福等12家企业解决实际问题。截至2023年，共有30多家老字号企业在50多个国家和地区申请了海外商标注册。

经过多年的工作，北京市形成了"政府政策引导、中介组织服务、企业注重保护"的三位一体的老字号商标保护工作机制。通过政府政策引导，充分发挥北京商标协会沟通政府和企业的桥梁纽带作用，借助知识产权专业代理机构力量，从政策、中介、信息三个方面建立商贸企业商标海外注册和维权保护支持体系，提高为企业服务的能力和水平。通过举办法律讲座、企业走访、实地调研、考察交流、企业咨询服务等方式，及时向商贸企业讲授商标海外注册知识，反馈商标注册信息，提供商标保护方面的政策和法律咨询服务。

（六）建设老字号公共服务平台

以北京市为例，2016年以来，为进一步提升服务北京市企业、贸易促进机构、政府相关部门的品质，提高北京与有关国家和地区的经济贸易合作水平，北京市商务局按照"政府相关部门、商协会、企业相结合"，"国内、国际贸易促进机构结合"，线上平台与线下贸易促进活动相结合的思路，建设面向全球的"北京国际经贸合作服务平台"，目的是促进企业、贸易促进机构、政府相关部门之间共享资源、发挥优势，帮助企业把握贸易与投资机遇，加快构建首都开放型经济的新体制。该服务平台包括三个子平台，具体如下。

一是线上由北京市商务局、北京市发改委等9个部门和单位共同开发建设的"北京经贸通"，具有新闻发布、项目撮合、互动交流等三个功能，设有全球贸易网络、全球展会、两类贸易、投资合作、风险预警、一带一路等7个专题。

二是线下海外平台——境外北京国际经贸服务中心，成为连接境内外国际交往资源的纽带和桥梁。截至目前，境外北京国际经贸服务中心已经建立31个，分布于24个国家和地区的27个城市。

三是线下海内平台——北京市双向投资合作工作机制，通过汇集线上线下资源和海内外资源，建立长期的工作机制，为企业走出去、引进来服务，推动双向投资。例如，2019年北京市商务局主持召开了北京老字号传承发展联席会议。

（七）推动老字号创新发展

以北京市为例，近年来，北京市区两级相关部门和机构围绕老字号技艺传承、品牌宣传、创新发展等方面，开展了一系列活动，实施了一系列举措，为老字号创新发展营造了良好的氛围。

一是推动老字号经营创新。推进"互联网＋老字号"发展战略，促进老字号创新发展。通过推动北京老字号企业和京东等知名电商平台合作，以增加老字号在年轻人当中的认知度，扩大销售渠道，提升品牌影响力。利用商务发展资金支持老字号开展互联网营销，组织搭建老字号与电商企业对接平台。组织召开老字号企业与京东、富基融通、敦煌网、慧聪网、小笨鸟、美团、百度等互联网平台的对接会，畅通老字号线上线下发展渠道。

二是推动老字号技艺创新。鼓励老字号企业在传承原汁原味优秀传统技艺的基础上，实现技艺创新。多年来，先后帮助天福号、白玉、六必居、红螺、红星、牛栏山等多个老字号改进生产技术，通过运用现代技术提升产品和服务。

三是推动老字号融合创新。鼓励和支持老字号企业通过老字号协会等中介组织，开展跨界合作，通过发展经验、教训的互相借鉴，产品和服务的取长补短，实现优势互补，共同发展。

四是推动老字号服务创新。利用北京市生活性服务业品质提升的契机，发挥服务业的行业特点，与团购网站、外卖网站、微信社交软件等进行结合，通过互联网方式进行营销，并运用多种新媒体形式进行推广，从而进一步扩大了老字号品牌的影响力。

二、老字号创新与发展的对策建议

全面贯彻党的二十大精神，以习近平新时代中国特色社会主义思想为指导，深入学习贯彻习近平总书记对中国传统文化和老字号发展的重要讲话精神，坚持以满足人民群众的需求为导向，正确处理传承、创新与发展的关系，不断提升老字号的创新发展能力和品牌竞争力。

（一）加强分类指导

1.深化改革一批

由于历史的原因，老字号国有比例在全国各地都比较高，应加大力度推进改革增效工程，深化国有企业混合所有制改革，增强企业活力。

第一，积极推进国有企业混合所有制改革。推进国有企业建立现代企业制度，实现混合所有制改革，是解决束缚和制约老字号发展的根本性问题，以及推动老字号企业改革创新的第一要务；对于尚未进行混合所有制改革的国有老字号企业，应积极推进股份制改革，通过引入其他资本实现股权多元化；通过加快体制改革、加速机制体制创新，建立健全符合社会主义市场经济要求的现代企业制度和法人治理结构。

第二，进一步优化已改制企业的股权结构。对于已经改制为股份制的国有老字号企业，一是支持品牌价值含量高、市场竞争能力强的国有老字号企业，通过进一步增资扩股等形式，优化股权结构，增加企业发展的实力，增强企业的持续发展能力。二是对国有股偏高、机制不活的企业，根据所处行业特点和企业规模状况，进一步引入其他社会资本，减持国有股的比重，优化产权结构，引入现代化的管理理念、管理体制、管理制度，激发内在发展活力，增强企业的市场竞争能力。三是支持老字号企业进行资产重组，鼓励各种社会资本参与老字号企业改组改制，特别是对劣势老字号企业实施战略重组。

第三，探索实行混合所有制企业员工持股。采取增资扩股、出资新设等方式，实行经营者、经营技术骨干、职工持股，增强企业的凝聚力，调动企业经营者、经营技术骨干、职工的积极性，从而在推动企业发展壮大的过程中，造就一支优秀企业干部、职工队伍。

第四，大力宣传老字号企业混合所有制改革经验。组织企业交流进行混合所有制改革的经验体会和成功案例，进一步调动老字号企业深化改革的积极性，努力营造有利于老字号改革的良好氛围。

2. 做强、做大一批

第一，加快培育具有核心竞争力的大企业集团。鼓励具有竞争优势的老字号企业，加大企业调整重组和资源整合的力度，通过市场运作，采用控股、收购、兼并等方式，加快培育具有核心竞争力的大企业集团和优势产业集群。同时，进一步培育现有优势企业集团，做强、做大，并发展一批企业品牌成为国际一流品牌。

第二，鼓励具备条件的老字号企业在境内外上市。一是充分利用境内外多层次资本市场，加快企业上市步伐，支持符合条件的老字号在境内外上市，拓宽老字号企业的融资渠道，增强企业实力，提高发展速度；发挥上市公司平台优势，加大并购重组力度，努力提升企业资本证券化水平；鼓励和引导在京金融机构、信用担保机构加大对老字号创新发展扶持力度，在贷款、担保、风险补偿等方面给予一定的资金支持。二是加强个案研究。整合政府、企业、学者等多方资源，对有一定代表性、知名度的企业深入开展个案研究，找出企业存在的优势、问题和瓶颈，提出有针对性的政策建议，帮助老字号企业成长。

3.做专、做精一批

第一，各省市按照非物质文化遗产条例，加强非遗保护、保存工作，传承历史文脉，弘扬中华优秀传统文化；以传统技艺为基础，在全国范围乃至世界范围内，实现或保持产品独特性或唯一性，做专、做精、做长、做久，进行特色化发展。

第二，在同类产品方面，推动企业的生产规模和销售规模保持领先地位，做专做精，实现特色化发展；逐步形成区域品牌、国家品牌或国际品牌，乃至成为本领域国际一流品牌。

第三，有条件的企业在保持产品原汁原味、特色发展的基础上，应注重在产品的外观、形式上注入现代产品时尚元素；在经营方式上引入现代流通方式，以适应市场发展趋势和消费者的需要。

4.稳步发展一批

第一，做好传统技艺的传承。聚焦主导产品，突出产品特色，采取"一店（厂）一品"的方式，通过企业的传统技艺加工生产，采取现代营销方式和流通方式，实现传统技艺和传统品牌与现代流通相结合，以进一步开拓市场。

第二，做好品牌的传承。系统梳理企业发展历史、文化和传统技艺，着力适应市场变化，在稳步做好企业运营的同时，探索企业新的增长点和增长方式，做好品牌的传承和发展。

第三，做好企业的传承。对于经营比较困难的企业，可以通过寻找新的经营者、合作者、投资者等方式，为企业注入新的活力。

（二）强化品牌创新

1. 鼓励品牌要素创新

根据消费市场需求变化，聚焦包装、标识、广告等核心品牌要素，在更新包装设计、强化视觉标识、创新广告宣传等方面，实施全面系统的品牌创新，挖掘消费热点，激发消费活力，提升品牌在市场竞争中的核心优势和地位。

2. 引导企业技术创新

一是支持企业在传承优秀传统技艺基础上，应用现代科学技术、生产工艺和设备，加快技术改造，推进智能化改造升级，创新传统工艺，利用现代先进技术嫁接传统技艺工艺，实现传统技艺和现代技术有机结合，提升新产品研制水平，完善产品技术标准、服务标准、品质标准，培育产品的核心竞争力和消费吸引力。

二是鼓励企业与科研院所、高等院校合作，设立技术中心、研发中心等机构，加大技术开发投入，增强自主创新能力，促进科技成果转移转化。

三是应用新的科技手段与老字号品牌互动，用数字经济新手段和全球供应链思维，推出新的营销组合方式。在品牌创新过程中，应保持品牌的本质、品牌的根基、品牌的灵魂、品牌的个性、品牌的专业精神不变，走出一条以消费者为中心、与时俱进的品牌创新之路。

3. 支持企业服务创新

聚焦消费体验升级，建立特色化的现代消费服务体系。通过定制产品、消费场景、流行表达展现传统民族文化和地域文化，强化消费体验、消费展示、消费服务等功能；推动企业传统店铺向旗舰店、体验店、定制中心转型，加快智慧零售、跨界零售、无人超市、人脸识别等新业态、新技术的布局，形成"商品+服务""零售+体验"等融合式消费新格局。

4. 倡导营销方式创新

运用互联网、大数据等现代信息技术，大力发展电子商务，加强网络适销商品和款式创新，扩大市场销售规模；支持有条件的企业发展连锁经营、完善物流配送，运用微博、微信等自媒体、新媒体和融媒体等渠道，进一步拓展品牌影响力，拓展市场；支持企业跨区域经营布局，扩大市场销售份额；推进"商旅一体化"发展，支持企业与旅游景区（点）深度合作；加强重点地区商业规划布局引导，鼓励商业设施设立老字号品牌专区；打造以老字号与现代时尚品牌相结合的特色商业街区，引导老字号品牌以新的业态进入新的商业街区集聚发展；促进老字号传播方式组合创新；等等。

5. 注重民生服务创新

以保障和改善民生为出发点和落脚点，围绕民生需要重点做好民生服务。在发展民生服务和开展供给侧结构性改革的过程中，老字号企业要以便民利民为核心，发现新需求，开发新产品，开拓新市场，发展适应新消费需求的新兴业态和新模式，促进线上、线下消费融合发展，着力推进"规范化、连锁化、便利化、品牌化、特色化、智能化"发展，满足群众便利化、多层次、多样化的需求。

6. 弘扬与时俱进的品牌建设思维

一是围绕消费者多样化、个性化的消费需求，以实现"消费升级"为目标，从品牌定位出发，保持年轻的心态，将品牌发展成为强势品牌；在多元化品牌发展和商业生态系统中，使强势品牌发展成为全球领导品牌。

二是注重结合年轻群体、国际群体的消费特点，重新梳理和定位新的产品线，以产品创新、理念创新为核心，改进工艺流程，创新产品形态，丰富产品类型，研发推出系列性的特色产品，形成适应消费升级趋势的现代产品体系，扩大品牌在消费市场中的供给能力。

（三）提升品牌国际竞争力

1. 进一步拓展企业国际化发展视野

鼓励老字号企业参加各种行业性国际会议、展览会，开展行业间的企业交流活动，加强国际交流与合作，学习借鉴国际经验、现代经营理念，拓展国际化发展的视野，找出企业的不足和发展方向；尝试老字号品牌抱团走向国际市场，形成组团式或集群式发展，向成为强势品牌、全球领导品牌的方向努力。

2.大力实施"走出去""走进去""走上去"三步走战略

一是要引导老字号企业提升品牌的服务质量和服务水平，与国际接轨，开展国际贸易或双向投资，实现产品或企业"走出去"。

二是要打造优质高端的品牌国际形象，对此应采取政府主导、行业组织支持、企业为主体的方式，将国家品牌、城市品牌和企业品牌结合起来进行传播，以区域品牌中的优质元素为先导开展传播，实现在国际化的经营中"走进去"。

三是要"走上去"，通过吸收国际上优质品牌成功经验，将自身的创新元素"注入"企业品牌中，提升品牌的自主创新能力，提升品牌定位。

3.加强品牌的国际化传播

对此，应采取"推"与"拉"相结合的方式等开展品牌的国际化传播。

一是"推"的方式。企业在产品或服务"走出去"过程中，要重视所在国家的法律制度与文化差异，通过贴近目标国市场的需要等举措，塑造品牌独特的个性形象，融入当地市场，实现品牌"走进去"。

二是"拉"的策略。在开放的条件下，随着消费升级和年轻人逐步成为消费主要群体，国内市场竞争国际化的趋势逐步显现，企业需要将国内市场作为国际市场的一部分，做好国内市场的运营。要从国际化发展需求上，开展品牌传播。首先，面对国内消费者、在本土开展品牌传播时，要立足国际化视角，适应其品牌消费日益偏好全球性品牌的趋势；其次，面对境外来华人员时，应通过多种方式，使之更好地了解中国品牌，并确保他们在国外接触的信息与在中国接触的具有一致性。

三是制定文化传播战略。在跨文化传播中，既要彰显优秀传统文化内涵，也要了解中外文化差异，适应当地习惯，拉近与当地消费者的心理距离。对此，应与当地消费者主动接触，让消费者喜爱我们的品牌，选择中国制造、中国服务，从而使老字号真正在国际化经营中能够"走上去"，成为中国制造的强势品牌甚至全球品牌。

四是开展话语体系的建构。首先，企业走出去时会受目标国历史文化、商贸往来、经济发展水平、宗教色彩、种族类型、地理区域、行业归属等因素的影响。具体到不同国别，情况差异会很大，不同行业、不同类型企业的具体情况也不尽相同。对此，要有针对性地开展舆情分析，开展话语策略建构。其次，中国品牌全球化过程中，面对"逆全球化"思潮和各种贸易壁垒，要重视适应当地的法律和政策环境，重视行为方式的调和，充分利用公共关系与公众开展协调沟通，化解文化差异带来的认知、情感、态度等的隔膜与误解，以获得当地公众的认知、理解和信任。

4. 加强品牌的国际化运营与管理

一是要积极推进品牌实施供应链管理战略品质的提升。对此，应将老字号品牌国际化战略的实施提升到供应链竞争领域，补齐企业国际化发展中的短板，使老字号品牌成为引导高质量发展的先行者；在推进供给侧结构性改革进程中，老字号企业要坚持工匠精神，开展质量提升行动，推动与国际先进水平对标和品质革命，努力占领品牌供应链国际化布局的制高点；通过"智能+""技术+""数据+""科技+"等方式为中国制造品牌赋能，通过新技术、新服务、新智能引领品牌内涵升级，实现品牌创新。

二是要处理好"全球化"、"本土化"和"民族性"之间的关系。企业在开展品牌全球化传播中，应充分展示中国元素，凸显中国品牌的民族性。应把握全球消费者的共性，在贴近不同文化区域的消费者的同时，融入中国品牌的民族特性，以体现品牌的独特个性，并着眼于品牌所在国与目标市场所在地文化的"异质性"。全球化着眼于不同地域消费者的"同质性"，本土化则着眼于如何才能贴近目标市场所在地的文化。老字号在品牌国际传播中，应找到可以与全球消费者进行对话的共同语言，在尊重各民族特性的基础上开展传播，拉近与国际公众的心理距离，在兼顾民族性与本土化的同时，做到传承与创新的相互结合。

5. 加强品牌创新扩大影响力

引导老字号企业重点在三个方面下功夫：一是提高市场占有率；二是提高品牌忠诚度；三是提高全球领导力。对此，应加强品牌国际化创新，探索和实施诸如整合营销、体验营销、事件营销、公益营销等在内的多种营销模式，不断扩大品牌的国际影响力。

（四）完善公共服务平台

对此，应采取政府主导、社团组织和专业机构配合以及动员社会力量参与等方式，进一步建立健全和完善公共服务平台。

1. 做好知识产权保护

一是积极进行商标国际注册，引导老字号企业提高企业自身的商标法律保护意识，通过专业机构了解各国法律、法规及国际公约，及早进行商标国际注册，同时建立一套适合自己的商标防御体系，为进入国际市场做准备。

二是对于目前有发展潜力但尚没有国际业务的老字号企业，应积极动员其进行企业商标国际保护性注册，为长远发展打下良好的基础。

三是及时反击商标国际抢注行为，以维护自身合法权益。

四是加大对老字号企业商标海外注册的支持力度。对此，应通过专业机构系统梳理老字号商标的海外注册情况及存在的问题，继续扩大老字号商标海外注册的覆盖范围，扩大保护范围和深度；继续安排财政资金，支持老字号企业做好商标海外注册工作和维护企业合法权益工作。

五是打击假冒老字号企业品牌和老字号产品的违法行为，维护企业的合法权益。

2. 动员社会力量参与公共服务平台建设

利用社会力量，为老字号企业的品牌提升建立分类服务平台，如经营人才、技术人才、产品技术、品牌研究等平台；举办老字号品牌创新活动，展示品牌创新成果，交流经验体会，表彰传承创新先进单位，推出经典案例，介绍国内、国际最新成果，引导企业与国内外市场接轨。动员有关协会发挥社会力量，建立老字号志愿者队伍，让更多的企业、机构和社会力量参与促进老字号发展的工作。

3. 充分利用国际经贸合作服务平台

以北京为例，在建设面向全球的"国际经贸合作服务平台"工作中，应加强平台在老字号企业中的实际应用。一是引导企业用好平台，用好两个资源和两个市场。二是政府和贸易促进机构要进一步了解企业的需求，有针对性地开展面向老字号的、形式多样的服务。

（五）完善相关政策措施

1. 进一步加强领导，推动老字号政策落地实施

一是进一步加强领导，贯彻落实商务部和各省市促进老字号创新发展的意见，切实解决老字号发展中的难点问题，实现政策措施引导，社会各界力量支持，企业传承、创新、发展的良好局面。

二是完善、细化相关配套性、扶持性政策，提高政策的针对性、系统性、可操作性，推动老字号持续健康发展。

2. 加强财政统筹支持，探索支持老字号发展的多种途径

一是进一步研究拓展财政资金支持方式，通过与金融机构的结合，构建融资平台，放大财政资金的功效。

二是联合社会资本，建立"老字号创新发展基金"，完善资金支持政策，提高资金使用效益，为企业提供资金支持。

三是进一步营造有利于老字号改革发展的外部环境，对已完成改制和产权结构优化的老字号企业给予"三个优先"。首先，对符合政策条件要求的企业项目，在资金支持方面优先予以考虑；其次，支持企业到国外发展，在举办和参加境外展览会、开展国际市场宣传时优先推介；最后，在国内展览会、展示会、文化促销等活动中优先安排。

3. 将老字号建设成为弘扬中华文化的重要力量

一是老字号具有得天独厚的优势，具备为国家政务活动服务和国际交往服务的功能和属性。因此，老字号需要进一步做好国家政务活动和重大国事活动的服务工作，强化保障能力、服务能力建设，做好、做精，更好地为国际交往服务。

二是充分挖掘老字号优秀传统文化底蕴，发挥老字号企业的文化资源优势。老字号拥有一批国家级、市级非遗、文物和老字号企业博物馆等，对此需进一步加以整合并与企业经营融合发展。与此同时，应加强与相关博物馆、展览馆以及影视、娱乐等企事业单位的合作，发挥各自优势，开发具有文化内涵和时尚特点的新产品，以满足消费者新的文化和物质需求，并将企业建设成为具有深厚文化内涵和承载优秀传统文化、传统技艺、高品质的经济实体。

三是按照中共中央办公厅、国务院办公厅《关于加强文物保护利用改革的若干意见》的要求，支持企业依法依规合理利用文物资源，提供多样化、多层次的文化产品与服务，依托文物资源介绍企业的悠久历史和优秀传统文化，讲好中国故事，进一步增强中华文化的国际传播能力。

四是引导老字号成为我国优秀传统文化和传统技艺的传播载体。在开拓国际市场的过程中，应引导老字号与相关"走出去"企业和机构加强合作，为中国的优秀传统文化和非遗技艺开辟新的传播渠道，相互借力，宣传中国的优秀传统文化和非遗，进一步开拓国际市场。

4.创新人才培养模式，深入推进固本强基工程

一是探索建立老字号人才培养机制，支持老字号企业根据企业发展需求与高校院所、专业机构合作，发挥企业和高校院所、专业机构的优势，着力推进企业的品牌创新，在传承和创新中做到跟上时代发展的步伐，成为现代新技术、新的营销方式的探索者，培育一批老字号企业所需的国际化、创新型人才。

二是加大老字号人才培养激励，引导老字号企业建立人才考核激励机制，推行人才的动态管理，大力培育专业精神，培育德技兼备、手艺高超、恪守道德法则的老字号领军人才和具有专业素养的技艺传承人。

三是着力培养一批适合新时代发展需求的各类中青年人才，使其成为现代新技术、新的营销方式的探索者、引领者，成为具有新时代精神的现代工匠。

5. 加强基础理论研究，建立健全促进企业发展的老字号品牌学术研究智库

一是研究老字号基础理论，解决发展中的难点、热点问题，走出误区；从历史和当代的结合上，深入挖掘老字号的历史、人文、市场、科技、政治等五个方面的价值，为老字号发展提供理论支撑。

二是深入研究创新体系与品牌创新体系的联系与区别，与国际品牌理念接轨，加强基础理论研究；通过组织多种形式的中介机构为老字号提供咨询、培训，开展更多形式的活动，提供更加有针对性的服务。

三是有条件的省市成立老字号品牌研究智库，利用品牌研究资源，提升老字号品牌的研究水平和发展能力。

6. 加强老字号评估工作，做好老字号的社会文化价值向市场价值转化的工作

鼓励专业机构加强老字号评估研究工作，充分发掘老字号的市场价值、金融财务价值和社会文化价值，彰显老字号的显性价值和潜在价值；珍视老字号拥有的品牌财富，避免在品牌资产交割中的价值流失；将老字号的社会文化价值向市场价值转化，老字号的生命在市场，不能把它作为文物保存起来，而是要促进其向现代品牌转变。与此同时，可开展试点工作，推动解决老字号企业在"走出去"开展国际合作或合资以及转让、拆迁等过程中品牌价值评估较低等不合理问题。

7. 积极推动老字号地方立法，促进老字号的发展

积极推动老字号地方立法，着力促进老字号的发展，提高老字号的创新发展水平及其在品牌国际化过程中的竞争力，加强对老字号品牌的保护。

8. 建立老字号展示中心，集中展示老字号的历史文化和传统技艺

对此，可利用城区主要商业街和旅游集聚地建立老字号展示中心，集中展示老字号历史文化、传统技艺等，从而为老字号搭建起各类集中展示的平台。如可口可乐就在亚特兰大旅游最集聚的市中心建有可口可乐世界博物馆，让世界游客全面体验可口可乐品牌，达到了极好的宣传效果。我国老字号企业要向可口可乐学习，树立顾客为本的理念，方便顾客去建立老字号展示中心，而不能以自我为中心，可达到品牌传播的目的。

参考文献

[1]尹庆民.北京老字号企业文化创新与建设[M].北京：中国时代经济出版社，2013.

[2]梁可.品味全聚德[M].北京：中国商业出版社，2000.

[3]张继焦，丁慧敏.中国"老字号"企业发展报告[M].北京：社会科学文献出版社，2011.

[4]徐伟，汤筱晓，王新新.老字号真实性、消费态度与购买意向[J].财贸研究，2015（3）.

[5]张宇，祁雪燕，王信东.北京老字号品牌策略研究[J].企业经济，2015（6）.

[6]徐伟，王平，王新新，等.老字号真实性的测量与影响研究[J].管理学报，2015，12（9）.

[7]徐伟，王新新，刘伟.老字号真实性的概念、维度及特征感知：基于扎根理论的质性研究[J].财经论丛，2015，11（200）.

[8]卢泰宏，林一民.商业传播中的儒家传统与现代规范：下 中国"老字号"与西方品牌的文化比较[J].中外企业文化，1998（7）.

[9]张景云，周野."全聚德"品牌创新经营及其对餐饮老字号的启示[J].对外经贸实务，2017（4）.

[10]徐伟，冯林燕.老字号真实性对口碑传播意向的影响机制研究[J].中央财经大学学报，2018（1）.

[11]陈丽芬，果然.中华老字号发展现状、问题与对策[J].时代经贸，2018（19）.

[12]张丽君.中华老字号在传承中发展在发展中传承[N].中国

商报，2018-05-11（7）.

［13］姚圣娟.关于振兴中华老字号的思考［J］.华东经济管理，2008（1）.

［14］尤文文.中华老字号品牌老化问题及激活策略分析［J］.现代经济信息，2012（15）.

［15］董晓芳，袁燕.企业创新、生命周期与聚集经济［J］.经济学（季刊）2014（2）.

［16］蒋廉雄，冯睿，朱辉煌，等.利用产品塑造品牌：品牌的产品意义及其理论发展［J］.管理世界，2012（5）.

［17］邱志强.经济全球化下的中华"老字号"企业的营销战略研究［J］.北京大学学报（哲学社会科学版），2004（S1）.

［18］王成荣，王玉军.老字号品牌价值评价模型［J］.管理评论，2014（6）.

［19］孙晶路，老字号品牌价值评估研究［D］.上海：东华大学，2013.

［20］刘巨钦，田雯霞.老字号企业品牌文化创新研究［J］.商业研究，2012（5）.

［21］张玉凤.北京"老字号"餐饮企业生存现状分析与成长机制研究［J］.旅游学刊，2009（1）.

［22］张继焦.企业人类学的创新视角：老字号的研究现状、现实意义和学术价值［J］.创新，2015（1）.

［23］周爱华，张远索，付晓，等.北京城区餐饮老字号空间格局及其影响因素研究［J］.世界地理研究，2015（1）.

［24］刘佐太，景鹏飞."老字号"餐饮企业体验营销研究：以全聚德集团为例［J］.商业研究，2006，356（24）.

［25］"北京老字号发展研究"课题组.北京市老字号的发展现状及对策研究［J］.北京行政学院学报，2004（3）.

［26］杨珩.工匠精神下的广州老字号品牌传承与创新策略［J］.今传媒，2016（11）.

［27］陈俊杰，卓凡，杨晖.关于对"广州老字号"保护与传承的调查：以"陈添记"为例［J］.佳木斯职业学院学报，2018（4）.

［28］陶云彪.关于浙江老字号振兴的品牌文化战略研究［J］.企业活力.2012（6）.

［29］吴国峰.新形势下老字号食品品牌发展策略分析：以浙江老字号为例［J］.商业经济研究，2015（9）.

［30］马刚，王洋.山东老字号掀起创新潮［N］.国际商报 2018-01-31（5）.

［31］李泺萌.探究上海老字号品牌形象的重塑之路［J］.设计学研究，2012（11）.

［32］陈奇."互联网+"时代中华老字号国际化经营策略研究［J］.产业与科技论坛，2018，17（20）.

［33］马一德."老字号"品牌的国际化保护［J］.北京观察，2016（11）.

［34］陈宏兵.北京老字号企业国际化发展势在必行［N］.中国工商报，2016-06-07（8）.

［35］胡晓姣.论"中华老字号"的国际化译名：以天津相关翻译实践为例［J］.中国科技翻译，2015，28（3）.

［36］厉春雷."龟甲万"的多元化与国际化之路：一个300多年的日本酱油公司给中国老字号的启示（二）［J］.现代营销（学苑版），2010（12）.

［37］蒋哲.中华老字号品牌国际化问题研究［D］.北京：首都经济贸易大学，2009.

［38］韩中和.中国企业品牌国际化实证研究［M］.上海：复旦大学出版社，2014.

［39］关冠军，祝合良.北京老字号品牌创新发展的路径研究［M］.北京：中国商务出版社，2016.

［40］祝合良.战略品牌管理［M］.北京：首都经济贸易大学出版社，2013.

［41］王成荣，李诚，王玉军.老字号品牌价值［M］.北京：中国经济出版社，2012.

［42］张景云.中国品牌全球化：理论建构与案例研究［M］.北京：经济管理出版社，2019.